视觉设计与制作

主编　葛云龙　郭高星

岗课赛证 GANG KE SAI ZHENG

电子商务专业
“岗课赛证”
融通系列教材

中国教育出版传媒集团
高等教育出版社·北京

内容提要

○本教材属于电子商务专业"岗课赛证"融通系列教材，力求通过企业需求调研，明确视觉设计所对应的职业岗位，以视觉设计岗位要求为逻辑主线进行工作分析，以课程改革为核心推动育人模式变革，从技术岗位复合型人才需求出发，以典型工作项目为载体，以行业认证、技能竞赛的能力和素养要求为目标整合教学内容，与行业企业共同构建模块化、能力递进式的课程体系。

○本教材结构清晰，逻辑严密，案例新颖，具有较强的实用性，具体包括5个项目，分别是视觉设计风格定位、视觉设计素材处理、首页视觉设计与制作、商品详情页视觉设计与制作、广告图视觉设计与制作。

○本教材配有视频学习资源，可扫描书中的二维码图片进行查看；同时配套授课教案、演示文稿等辅教辅学资源，请登录高等教育出版社新形态教材网（https://abooks.hep.com.cn）获取相关资源。详细使用方法见本教材最后一页"郑重声明"下方的"学习卡账号使用说明"。

○本教材既可作为职业院校电子商务、跨境电子商务、网络营销、移动商务、市场营销等相关专业的教材，又可作为电子商务相关从业者和社会人士参考用书。

本书简介

编写说明

教材是学校教育教学活动的核心载体，承担着立德树人、启智增慧的重要使命。历史兴衰、春秋家国浓缩于教材，民族精神、文化根脉熔铸于教材，价值选择、理念坚守传递于教材。教材建设是国家事权，国家教材委员会印发《全国大中小学教材建设规划（2019—2022年）》，教育部印发《中小学教材管理办法》《职业院校教材管理办法》《普通高等学校教材管理办法》《学校选用境外教材管理办法》，系统描绘了大中小学教材建设蓝图，奠定了教材管理的“四梁八柱”。党的二十大首次明确提出“深化教育领域综合改革，加强教材建设和管理”，对新时代教材建设提出了新的更高要求，昭示我们要着力提升教材建设的科学化、规范化水平，全面提高教材质量，切实发挥教材的育人功能。

职业教育教材既是学校教材的重要组成部分，又具有鲜明的类型教育特色，量大面广种类多。目前，400多家出版社正式出版的教材有74 000余种，基本满足19个专业大类、97个专业类、1 349个专业教学的需要，涌现出一批优秀教材，但也存在特色不鲜明、适应性不强、产品趋同、良莠不齐、“多而少优”等问题。

全国职业教育大会提出要一体化设计中职、高职、本科职业教育培养体系，深化“三教”改革，“岗课赛证”综合育人，提升教育质量。2021年，中共中央办公厅、国务院办公厅印发的《关于推动现代职业教育高质量发展的意见》明确提出了“完善‘岗课赛证’综合育人机制，按照生产实际和岗位需求设计开发课程，开发模块化、系统化的实训课程体系，提升学生实践能力”的任务。2022年，中共中央办公厅、国务院办公厅印发的《关于深化现代职业教育体系建设改革的意见》把打造一批优质教材作为提升职业学校关键办学能力的一项重点工作。2021年，教育部办公厅印发的《“十四五”职业教育规划教材建设实施方案》提出要分批建设1万种左右职业教育国家规划教材，指导建设一大批省级规划教材，高起点、高标准建设中国特色高质量职业教育教材体系。

设计“岗课赛证”融通教材具有多重意义：一是着重体现优化类型教育特色，着力克服教材学科化、培训化倾向；二是体现适应性要求，关键是体现“新”“实”，反映新知识、新技术、新工艺、新方法，提升服务国家产业发展能力，破解教材陈旧问题；三是体现育人要求，体现德技并重，德行天下，技耀中华，摒弃教材“重教轻育”顽症；四是体现“三教”改革精神，以教材为基准规范教师教学行为，提高教学质量；五是体现统筹职业教育、高等教育、继续教育协同创新精神，吸引优秀人才编写教材，推动高水平大学学者与高端职业院校名师合作编写教材；六是体现推进职普融通、产教融合、科教融汇要求，集聚头部企业技能大师、顶尖科研机构专家、一流出版社编辑参与教材研制；七是体现产业、行业、职业、专业、课程、教材的关联性，吃透行情、业情、学情、教情，汇聚优质职业教育资源进教材，立足全局看职教教材，跳出职教看职教教材，面向未来看职教教材，认清教材的意义、价值；八是体现中国特色，反映中国产业发展实际和民族优秀传统文化，开拓国际视野，积极借鉴人类优秀文明成果，吸纳国际先进水平，倡导互学互鉴，增进自信自强。

“岗课赛证”融通教材设计尝试以促进学生的全面发展为魂：以岗位为技能学习的方向（30%），以岗定课；以课程为技能学习的基础（40%）；以竞赛为技能学习的高点（10%），以赛促课；以证书为行业检验技能学习成果的门槛（20%），以证验课。教材鲜明的特点是：岗位描述—典型任务—能力类型—能力等级—学习情境—知识基础—赛课融通—书证融通—职业素养。教材编写体例的要点是：概述（产业—行业—职业—专业—课程—教材）—岗位群—典型任务—能力结构—学习情境—教学目标—教学内容—教学方法—案例分析—仿真训练—情境实训—综合实践—成果评价—教学资源—拓展学习。“岗课赛证”融通教材有助于促进学用一致、知行合一，增强适应性，提高育人育才质量。

“岗课赛证”融通教材以科研为引领，以课题为载体，具有以下特色。一是坚持方向，贯通主线，把牢政治方向，把习近平新时代中国特色社会主义思想，特别是关于教材建设的重要论述贯穿始终，把立德树人要求体现在教材编写的各个环节。二是整体设计，突出重点，服务中、高、本职业教育体系，着力专业课、实训课教材建设。三是强强结合、优势互补，通过统筹高端职业院校、高水平大学、顶尖科研机构、头部企业、一流出版社的协同创新，聚天下英才，汇优质资源，推进产教融合、职普融通、科教融汇，做出适应技能教育需要的品牌教材。四是守正创新，汲取历史经验教训，站在巨人的肩膀上，勇于开拓，善于创造，懂得变通，不断推陈出新。五是立足当下，着眼长远，努力把高质量教育要求体现在教材编写的匠心中，体现在用心打造培根铸魂、启智增慧、适应时代发展的精品教材中，体现在类型教育特色鲜明、适应性强的品牌教材中，体现在对教育产品的严格把关中，体现在对祖国未来、国家发展的高度负责中，为高质量职业教育体系建设培养技能复合型人才提供适合而优质的教材。

职业教育“岗课赛证”融通教材研编委员会
2023 年 3 月

前　言

一、教材编写目的

为贯彻党的二十大精神，实施科教兴国战略，强化现代化建设人才支撑，促进岗位需求、新形态一体化课程、网店运营推广职业技能等级证书以及中职电子商务技能大赛相融合，实现“岗位需求—课程教学—企业考证—技能竞赛”的贯通培养，形成岗位能力、项目课程、竞赛交流、证书检验“四位一体”的技能人才培养模式，增强职业教育适应性，大幅提升学生实践能力，在调研了大量电子商务龙头企业，分析、提炼视觉设计相关岗位的职业技能要求，收集并查阅了大量国内外文献资料的基础上，我们编写了本教材。

二、教材编写内容

本教材通过企业需求调研，明确视觉设计所对应的职业岗位，以岗位要求为逻辑主线进行工作分析，以课程改革为核心推动育人模式变革，从技术岗位复合型人才需求出发，以典型工作项目为载体，以行业认证、技能竞赛的能力和素养要求为目标整合教学内容，提炼了5个项目，共计16个典型工作任务，构建了行业企业共同参与的模块化、能力递进式的内容体系。

三、教材编写分工与体例

本教材由宁海县高级职业技术中心学校葛云龙、武汉市第一商业学校郭高星担任主编，由山东省济南商贸学校叶小濛、天津市第一商业学校刘晓钥担任副主编，参与编写的人员还有：山东省济南商贸学校高冰洁、宁海县高级职业技术中心学校金瑞琼、武汉市第一商业学校胡亚京、威海市职业中等专业学校张伟、福建经济学校张华、四川仪表工业学校肖成英。中教畅享科技股份有限公司、北京鸿科经纬科技有限公司结合技能竞赛、职业技能等级标准深度参与了本教材提纲、编写理念与内容的设计，并为本教材提供了大量的案例资源和素材。

在本教材的编写过程中得到了教育部职业教育发展中心曾天山副主任及各大院校教师的精心指导和大力支持，在此对各位专家的辛勤工作表示衷心的感谢。

本教材的编写团队充分体现了校企合作的特点，在教材编写前经过校企专家充分论证，总结出了结构清晰、逻辑合理的教材提纲，编写体例充分体现了产教融合的特点，充分融入真实工作岗位、技能竞赛、职业技能等级标准的要求，每个项目都设计有学习目标、学习导图、案例导入、具体任务、同步测评5个环节，每个具体任务都设计有任务描述、任务准备、任务实施、任务评价、任务拓展等栏目，以“岗课赛证综合育人机制”编排教材内容。

四、教材编写特色和创新

本教材在思想性上，融入理想信念、团队精神、创业精神等课程育人元素，强化学生职业素养养成和专业技术积累，努力实现职业技能训练和职业精神培养的高度融合；在设计思路上，以理实一体化设计和“岗课赛证”融通的系统化设计来体现职业教育的类型特色，实现综合育人；在教材表现形式上，采用新形态一体化设计，针对学生的现状和可持续发展，构建新形态一体化教材并配套开发数字化教学资源；在编写团队上，突出了校企合作特色。

本教材配有视频学习资源，可扫描书中的二维码图片进行查看；同时配套授课教案、演示文稿等辅教辅学资源，请登录高等教育出版社新形态教材网（https://abooks.hep.com.cn）获取相关资源。详细使用方法见本教材最后一页“郑重声明”下方的“学习卡账号使用说明”。

鉴于电子商务行业的迅速发展和新技术快速更迭，加之编者水平有限，尽管在编写过程中力求准确、完善，但书中难免存在一些不足之处，敬请广大读者批评指正。读者意见反馈邮箱：zz_dzyj@pub.hep.cn。

编　者

目录

导　论

对于当下技术技能型人才的培养，《国务院办公厅关于深化产教融合的若干意见》指出："深化产教融合，促进教育链、人才链与产业链、创新链有机衔接，是当前推进人力资源供给侧结构性改革的迫切要求，对新形势下全面提高教育质量、扩大就业创业、推进经济转型升级、培育经济发展新动能具有重要意义。"电子商务技术技能型人才的培养主要通过产业、创新、人才和教育四个链条来实施，科技创新带动产业发展，产业发展必须有适配的人才支撑，人才的培养离不开教育。

一、电子商务行业产业链分析

随着国民经济的快速发展以及信息化的不断深入，我国电子商务行业虽然历经曲折却取得了骄人的成绩。"十三五"时期，面对复杂严峻的发展环境，在党中央、国务院坚强领导下，商务部、中央网络安全和信息化委员会办公室、发展和改革委员会等相关部门会同各地方加强政策协同，共同推动电子商务实现了跨越式发展，《电子商务"十三五"发展规划》主要目标任务顺利完成，在形成强大国内市场、带动创新创业、助力决战脱贫攻坚、提升对外开放水平等方面作出了重要贡献。

"十四五"时期，我国进入新发展阶段，电子商务高质量发展面临的国内外环境发生着深刻且复杂的变化。如何在这一期间得到更快的发展，成为众多电商企业亟待解决的问题。因为电子商务从诞生的一刻起，就不是一个孤立的产业或系统，而是一个产业带动性强、辐射面广的产业链。电子商务产业链主要涵盖了从生产者到消费者中间所涉及的商品供应商、电子商务平台以及物流、支付等环节。电子商务产业链的本质是"协同商务"，上游、中游和下游企业包括商品供应商、物流服务商、电子商务平台、网络支付平台等，它们分工协作、优势互补，共同形成"价值链"。

在经济全球化、信息爆炸的互联网时代，电子商务产业链上游的影响力逐步降低，随着产业链中游各大电子商务平台的完善和成熟，电商企业之间的竞争会愈演愈烈，为加快对接产业链下游市场，商品或品牌的传播变得极其重要。如果企业没有系统的视觉营销方法，商品再好，也可能会淹没在市场铺天盖地的信息中，进而严重阻碍企业的发展壮大。不管是在国内还是国外，如果想让消费者从海量的信息中准确找到自己的商品并产生购买意向，视觉营销从业人员需要注重加强与消费者互动和沟通，不断创新和改进视觉营销策略，以适应市场及消费者需求的不断变化。

从国际看，世界经济数字化转型加速，新一轮科技革命和产业变革深入发展，由电子商务推动的技术迭代升级和融合应用继续深化。双边、区域经济合作势头上升，“丝路电商”朋友圈不断扩大，消除数字鸿沟、推动普惠发展的需求日渐增强。同时，世界经济陷入低迷，经济全球化遭遇逆流，单边主义、保护主义、霸权主义抬头，电子商务企业走出去遇到的壁垒增多，围绕隐私保护、数据流动等数字领域规则体系的竞争日趋激烈。

从国内看，我国已转向高质量发展阶段。新型基础设施加快建设，信息技术自主创新能力持续提升，为电子商务创新发展提供了强大支撑。新型工业化、信息化、城镇化、农业现代化快速发展，中等收入群体进一步扩大，电子商务提质扩容需求更加旺盛，与相关产业融合创新空间更加广阔。同时，我国宏观环境面临复杂变化，电子商务发展面临的不平衡、不充分问题仍然突出。城乡间、区域间、不同领域间电子商务发展水平不平衡，企业核心竞争力不强，技术创新能力还不能适应高质量发展要求。数据产权、交易规则和服务体系不健全，数据要素价值潜力尚未有效激活，与电子商务业态模式创新相适应的治理体系亟待健全。

综合判断，我国电子商务发展机遇大于挑战，必须增强机遇意识和风险意识，认清矛盾变化，把握发展规律，抓住机遇，应对挑战，努力在危机中育先机、于变局中开新局。

二、电子商务行业创新链分析

云计算、大数据、元宇宙、人工智能等技术的发展，将大大促进电子商务服务模式和商业模式创新。电子商务行业将向智能化方向发展，由此可能引发数据服务业的兴起，以及个性化、精准化营销的发展。

电子商务国际化发展进程将加快。一方面，未来几年中国电子商务从业人员、电子商务服务商的国际化发展将进一步加快，通过电子商务低成本地拓展海外市场正在成为众多企业的共同选择。另一方面，中国良好的经济发展势头和巨大的市场空间将促使国外电子商务服务商进入中国市场的步伐进一步加快。

电子商务与传统产业融合进一步加深。随着电子商务与实体经济深度整合，电子商务与企业内部信息化界限趋于消失。生产商与消费者之间的信息不对称壁垒正在消除，企业的成败将在更大程度上受到互联网的影响。

电子商务行业将与搜索引擎、虚拟社区、网络游戏、移动通信等应用进一步融合，同时电子商务还将转向以用户为中心，融合相关互联网应用，满足用户日益个性化和多元化的需求。个性化、精准化营销的作用将更加突出，将成为商业服务、商业基础设施和现代服务业的重要环节，电子商务服务平台将成为电子商务服务业的核心，引发新的产业模式创新。

随着电子商务行业产业的转型升级，简单的视觉设计已经无法满足视觉营销要求。对于电商企业来说，只有不断适应行业产业的新变化，掌握新技术、新思维，分析新趋势，才能在激烈的竞争中保持优势，通过视觉效果、创意设计等提高品牌知名度和影响力，从而获得更多的市场份额。

三、电子商务行业人才链分析

随着电子商务行业的飞速发展，对于专业人才的要求越来越高，岗位（群）由原来的粗犷模式变为精细化划分，岗位职责也逐步清晰。其中，电子商务相关岗位涉及初级、中级、高级等不同层次的人才，在整个产业链中，按照职业活动所需技能的难易程度，从低到高依次为操作、实施、管理、运营、设计。企业作为电子商务产业的终端，直接接触消费者，其中初级电子商务人才在整个电子商务产业中主要集中于企业一线，从事的相关岗位主要包括推广、美工、客服等。相关调研数据显示，视觉设计岗位（群）是最适合应届生的岗位（群）之一，同时也是人才需求占比相对较大的岗位（群），主要包括电商美工、视觉设计专员等岗位。以下为该岗位（群）为适应行业转型升级形成的职责，以及对专业人才（初级、中级、高级）能力素质（职业能力）提出的要求。

（一）电商美工岗位职责及要求

电商美工岗位职责：

（1）负责撰写商品卖点和商品描述文案，使消费者更好地了解商品。

（2）负责商品图片的处理，对商品图片进行美化和精修，使之符合店铺风格及平台要求。

（3）负责商品视频的制作，能够制作优质的视频，提高商品转化率。

（4）负责网店页面的装修，对店铺首页、商品详情页及其他主要页面进行设计与制作。

（5）配合网店营销活动设计并制作广告图片，吸引消费者关注。

电商美工岗位要求：

（1）中专及以上学历，电子商务、设计类相关专业。

（2）熟练掌握图片处理、编辑、美化等技能，熟悉 Photoshop、Illustrator、Dreamweaver 等设计软件。

（3）具备基本的文案策划能力，能够根据商品特性和营销需求撰写相应的文案和广告用语，提升商品的吸引力，提高转化率。

（4）熟练掌握基本的视频编辑技能，能够制作简单的视频广告，提升商品的宣传效果和品牌形象。

（5）具备较强的创意和审美能力，能够独立完成设计任务，并准确表达商品的卖点。

（6）具备良好的沟通能力和团队合作精神，能够与其他岗位人员进行有效沟通和协作，共同完成店铺的运营和推广工作。

（二）视觉设计专员岗位职责及要求

视觉设计专员岗位职责：

（1）负责网店的整体视觉设计，包括网店的风格、布局等视觉创意相关工作，营造吸引消费者的购物环境。

（2）负责规划商品详情页布局框架，从消费者角度展现商品的卖点及亮点，提高商品点击率及转化率。

（3）跟进商品的需求变化情况，通过分析点击率、浏览深度等数据，定期对网店进行视觉优化和维护，包括页面的布局、分类、排版等，保持店铺整体视觉风格的统一性和延续性。

（4）跟进并学习最新的设计趋势和设计方法，不断提升设计能力和设计素养，提升设计品位。

（5）与运营人员、客服人员等其他团队成员保持密切沟通和协作，提供专业的视觉设计方案和建议，并协助团队其他成员解决设计方面的问题。

视觉设计专员岗位要求：

（1）中专及以上学历，电子商务、设计类相关专业。

（2）熟练掌握视觉设计相关软件，如 Photoshop、Illustrator、Dreamweaver 等，能够独立完成视觉设计任务。

（3）具备较强的创意和审美能力，能够准确把握店铺整体风格和商品特性，设计出吸引人的视觉效果。

（4）具备较强的沟通和表达能力，能够与其他岗位人员进行有效沟通和协作，共同提升网店运营效果。

（5）具备较强的解决问题能力和创新能力，能够独立思考并解决设计方面的问题，提出有创意的设计方案。

（6）具备一定的数据分析能力，能够通过消费者数据分析，优化设计方案，提高设计效果和转化率。

四、电子商务行业教育链分析

随着电子商务行业岗位（群）的变化和随之出现的职业能力需求的变化，使得学校专业建设与电子商务行业人才需求可能发生脱节，导致学校培养的学生不一定能完全满足岗位需求，因此建议不同层级（中职、高职专科、高职本科）职业院校优化专业（群）定位，完善电子商务人才培养体系，进一步强化“政、产、学、研、用、培”六位一体人才培养模式，鼓励平台、企业与院校联动，开展线上线下融合、多层次、多梯度的电子商务课程内容设置。通过政策引导，创新创业带动，课程体系调整，加大电子商务人才市场培育，强化电商人才创业培育孵化。

目前大多数中职学校开设的电子商务专业较为笼统，有时专业课程的设置受限于专业教师的人数和能力，因此在开设专业课程时，应该考虑学生将来的就业和发展需要，推动学校电子商务专业特色化，加快完善教材体系和内容更新，建立外部师资库，因地制宜办好电子商务学历教育，并积极发展企业新型学徒制、现代学徒制、订单式等培养模式，共建实用的电子商务人才培养体系，同时专业课程的设置可以更加倾向于实践类课程。理论课程的学习固然是必要的，但是学习的理论知识要为实践操作服务，因此在设置课程时尽量提供相应的条件，增加学生动手操作的机会。

五、结语

本教材服务的课程为“视觉设计与制作”，该课程属于中等职业教育电子商务专业的核心课程。该课程以视觉设计岗位（群）要求为基础，以“岗课赛证”综合育人教材为连接纽带，将新形态一体化课程与网店运营推广职业技能等级证书、中职电子商务技能大赛相融合。在传统课程“做了”的基础上，以行业企业认证、技能竞赛的能力和素养要求为目标整合教学内容，指导学生不仅“做了”，还要“做到”，以符合企业基本需求，更要“做好”，以成长为高技能人才，最终实现“岗位需求—课程教学—企业考证—技能竞赛”的贯通培养。

对于教材内容的编排，在有针对性借鉴职教发达国家经验，总结推广中国特色学徒制的基础上，本教材加强了技能实训环节，确保技能实训有岗、有量、有指导。本教材对视觉设计类技术技能人才的培养进行一体化设计，秉持“对接整合、重构再造、转换转化”的融通机制，把真实情境的岗位典型工作任务融入课程，把富有趣味的技能竞赛和具有含金量的职业证书融入学习成果评价，实现“工作要求”“企业证书”“竞赛内容”“学习内容”之间的有效衔接和有机融合。

1

项目一

视觉设计风格定位

学习目标

知识目标

- 了解消费者行为
- 熟悉消费心理
- 掌握色彩搭配的方法
- 掌握文字应用的方法
- 掌握风格选择的方法

技能目标

- 能根据消费者行为特征，结合常见的消费心理类型，完成目标消费人群分析
- 能根据色彩搭配及文字应用的方法，结合风格选择方法，完成网店视觉风格选择

素养目标

- 具备法律意识，合理合法地获取、分析消费者数据，尊重消费者隐私
- 树立积极向上、阳光正面的美学意识

学习导图

目标消费者分析 → 视觉设计风格选择

消费者行为
消费心理

色彩的搭配
文字的应用
风格选择的方法

案例导入

玩转视觉营销　打造爆款商品

随着营销行业的飞速发展，“粗放营销”时代已经成为过去，品牌视觉营销系统的建立和升级是在竞争中脱颖而出的重要一环。

某品牌亲肤棉柔巾最初采用时尚、简约的设计风格，因与其品牌格调不够统一，商品风格不够明确，导致难以在同质化的商品中脱颖而出。于是设计团队开展了多维度的竞品调研，深度挖掘该品牌的核心理念，结合商品的优势与特点，打造商品专属形象（见图1-1）。该款亲肤棉柔巾选用浅绿与深绿作为商品主色调，采用传统古风女性形象，融入凸显品牌的环保理念，简洁美观又颇有艺术感。淡绿线条勾勒的披帛，栩栩如生，让女性柔美的眼神透露出期盼与希望之意，凭借艺术之美与品牌视觉传达，满足了消费者对视觉审美的需求。

新款包装投入使用后，迅速吸引了一批消费者的目光，一度成为爆款商品。基于此情况，该品牌对其他商品的视觉元素进行了设计，打造出风格统一、个性鲜明的品牌形象，从视觉角度提升了该品牌的吸引力，使其在市场竞争中获得优势。该品牌成功的原因之一在于其深谙视觉营销的重要性，凭借对设计的高标准、严要求打造出别具匠心的品牌风格。

▲图1-1　某品牌亲肤棉柔巾视觉设计

任务一 目标消费者分析

任务描述

网店视觉设计的主要目的是帮助卖家触发消费者的网购行为，从而更好地销售商品。在进行视觉设计之前，首先需要对消费者进行分析，了解消费者行为的影响因素，剖析其心理需求。通过视觉设计，获取消费者的关注，激发消费者的购买欲望，从而提升其购物体验，进一步提高网店商品销量。

本任务的主要工作内容：

1. 了解消费者行为的影响因素。
2. 完成消费心理类型的分析。

任务准备

一、消费者行为

消费者行为一般由两部分组成，一是消费者的购买决策过程，二是消费者的行动。购买决策是消费者消费态度形成的过程，是消费者决定购买前所产生的心理活动与行为倾向；消费者行动则是购买决策的实施过程，是消费者为获取、使用、处置消费物品或服务所采取的各种行动。这两个部分相互渗透与影响，共同构成了消费者行为的完整过程。

消费者行为分析的常用方法

（一）消费者行为影响因素

网络消费者在购物过程中会受到诸多因素的影响，包括内部因素和外部因素。内部因素如消费者个体因素、网络设备应用水平和网络经验等；外部因素如网店因素、商品因素、安全性因素、便利性因素、互动因素、他人评价因素等。这些因素如果利用得好，会促进消费者行为的发生。如果利用得不好，消费者可能会离开网店，结束购买行为。

1. 消费者个体因素

消费者个体因素包括性别、年龄、教育背景、工作领域和收入情况等，会影响消费者行为。

2. 网购设备应用水平和网络经验因素

消费者进行网络购物必须使用计算机或手机等硬件设备，检索、浏览商品信息等需要一定的硬件设备使用能力和网络知识储备。相对传统消费者，网络消费者拥有的网购设备使用能力和网络知识不同，对网络购物采取的态度和行为也会不同。

3. 网店因素

网店的知名度、设计和布局等都会影响消费者行为。网店相对于网络消费者在一定程度上就如同商场相对于传统消费者。商场的布局、商品陈列都会对传统消费者的行为产生影响。同样，网店对网络消费者也会产生影响。

4. 商品因素

消费者进行网络购物的最终目的是满足其对商品的需要，由于商品特性的不同，会导致消费者采取不同的购买决策。因此在网上销售商品，首先需要考虑网络消费者的特征，其次需要考虑网络消费者在购买商品时的体验过程。

5. 安全性因素

个人隐私和交易安全是影响网络购物的两大先决因素。由于在线交易的特殊性，基于互联网进行的电子商务活动一般都需要消费者向注册平台提供相关的个人信息。然而对于这些消费者信息，一些平台没有采取保密措施的能力。另外，网络购物的虚拟特性很强，消费者通过网络与卖家进行交流，购买商品。消费者在获得商品之前没办法像传统购物方式那样亲自触摸、感受商品，一些习惯于线下交易的消费者会对网络购物的安全性产生怀疑，甚至打消网络购物的念头。

6. 便利性因素

与传统商场相比，网店具备许多独特的功能。一方面，卖家可以同时完成商品信息的收集、交易支付及部分商品的配送。另一方面，消费者可以减少传统购物过程中逛街购物所花费的时间和精力，不会受到天气、交通等外界环境因素的限制和干扰，并且没有时间限制，只要条件许可，消费者可以随时购买需要的商品。同时不受地域限制，消费者在家中就可以购买到全国各地甚至国外的商品。便捷和省时是许多消费者选择网络购物的重要因素。

7. 互动因素

在网上购物时，消费者面对的是计算机或手机屏幕，可以根据自己的需要任意搜索商品。在导航目录的帮助下，消费者可以查询到每种商品的具体特征、功能等，如品牌、大小、款式、价格等。而且几乎每个购物平台都为消费者提供了帮助中心和多种即时沟通方式，在购物过程中遇到问题或困难可以直接向客服人员咨询、求助。

8. 他人评价因素

在网络购物环境下，消费者的购物行为在很大程度上受到他人评价的影响，特别是初次在网上购物或网购经验不丰富的消费者。消费者在提供同类商品的两家或多家网店中做选择时，网店的好评率会起到很大的作用，有时甚至直接影响消费者的选择。

（二）消费者行为过程

消费者行为过程可分为唤起需求、收集信息、比较选择、购买决定和购后评价五个阶段。

1. 唤起需求

消费者行为过程的起点是唤起需求。消费者的需求是在内外因素的刺激下产生的。当消费者对市场中出现的某种商品或服务产生兴趣后，才可能产生购买欲望。这是消费者做出消费决定过程中不可缺少的基本前提。如不具备这一基本前提，消费者就无从做出购买决定。

2. 收集信息

当需求被唤起之后，每个消费者都希望自己的需求能得到满足。所以，收集信息、了解行情成为消费者行为过程的第二个阶段。收集信息的渠道主要有两个：内部渠道和外部渠道。内部渠道是消费者个人所储存、保留的市场信息，包括购买商品的实际经验、对市场的观察等；外部渠道是消费者从外界收集信息的渠道，包括个人渠道、商业渠道和公共渠道等。

3. 比较选择

为了使消费需求与自己的购买能力相匹配，比较选择成为消费者行为中必不可少的环节。消费者对各渠道汇集而来的资料进行比较、分析、研究，了解各种商品的特点和性能，从中选择最为满意的一种。一般说来，消费者的综合评价主要考虑商品的功能、可靠性、样式、价格和售后服务等。通常，一般消费品和低值易耗品的选择比较容易，而对耐用消费品的选择则比较慎重。

4. 购买决定

消费者在完成了对商品的比较选择之后，便进入到购买决定阶段。购买决定是消费者在购买动机的支配下，从两件或两件以上的商品中选择一件满意商品的过程。购买决定是消费者行为中最重要的组成部分。

5. 购后评价

消费者购买商品后，通常会对自己的购买选择进行检验和反省，重新考虑购买是否正确，使用是否理想，以及服务是否周到等问题。这种购后评价往往会决定消费者今后的购买动向。

博文约礼

消费者网购权益受法律保护

《中华人民共和国消费者权益保护法》（以下简称《消费者权益保护法》）规定：消费者享有知悉其购买、使用的商品或者接受的服务的真实情况的权利。

消费者知情权的实现是与传统购物方式中的一系列环节相配套的，但是网络购物的虚拟性导致买卖双方的信息严重不对称。消费者在网上购物时，无法亲眼见到商品实物，不能亲自检查商品或者直观感受商品性能，只能以浏览网页的方式获得商品的相关信息。从某种程度上讲，网络购物剥夺了消费者在决定购买前检验商品的权利。

博文约礼

我国出台了相应的法律法规及政策，用于保障消费者的网购权益。《消费者权益保护法》规定：经营者提供的商品或者服务不符合质量要求的，消费者可以依照国家规定、当事人约定退货，或者要求经营者履行更换、修理等义务。没有国家规定和当事人约定的，消费者可以自收到商品之日起7日内退货；7日后符合法定解除合同条件的，消费者可以及时退货，不符合法定解除合同条件的，可以要求经营者履行更换、修理等义务。依照上述规定进行退货、更换、修理的，经营者应当承担运输等必要费用。

中国消费者协会（以下简称中消协）也建立了全国统一的网上投诉中心，受理全国范围内的网购消费者的投诉。我国政府确立和完善网络购物市场准入制度、资格认证制度，在鼓励网络购物发展的前提下，以立法的形式规范网上交易行为；加大对电商提供商品质量的监测频率、力度，严厉打击销售假冒伪劣、三无、仿名牌等商品的违法行为。通过不断完善法律法规及政策，我国政府力求保证电子商务行业健康、稳定发展，保障消费者的合法权益不受侵害。

二、消费心理

消费心理是消费者因为一定原因而产生购买行为的一系列心理活动，不同消费者在不同的时间可能会有不同的消费心理。根据消费者的心理特点及购物方式，可以将消费心理分为价值心理、习惯心理、身份心理、审美心理等类型。对不同的消费心理进行分析，可以更加准确地定位消费者行为，制订更加符合消费者需求的视觉设计方案。

（一）价值心理

价值心理是一种以商品或服务的实际使用价值为主要特征的心理，具有此种心理的消费者在选购商品或服务时会更加注重商品或服务的质量和功效，相信商品或服务能够带来比同类商品或服务更大的价值，讲究经济实惠、经久耐用、使用方便等。例如，某款电压力锅商品详情页中介绍了压力锅的主要功能和特色，可以代替电饭煲、焖烧锅、电炖锅、微波炉、电锅等多种厨具，突显了该款电压力锅的潜力价值，符合消费者的价值心理，如图1-2所示。

（二）习惯心理

习惯心理是一种长期养成且难以改变的消费心理，不同地域、民族、性别的人有各自的习惯，这是消费者在长期的消费行为中形成的，这种习惯会深深影响他们的购物行为。例如，当消费者对某品牌商品初次使用的体验非常好，就会逐渐产生对这个品牌的喜好，建立对该品牌的信任，增强使用该品牌商品的信心。在此情况下，消费者再次购买此类商品时通常会优先选择该品牌，并在长期的消费行为中形成习惯。对于具有习惯心理的消费者，商家应注重商品的使用体验，通过促销、优惠等方式培养消费者的消费习惯，提高消费者的品牌忠诚度。

（三）身份心理

身份心理是一种以追求名牌商品或名人效应为主要倾向的消费心理。具有身份心理的消费者希望能够通过商品展现自己的身份，愿意为名牌或名人效应消费，享受名牌或名人效应带来的自豪感。面对这类消费者，商家需要打造品牌效应，让自己的商品成为名牌，注重商品品格的搭建，通过名人代言、广泛宣传提高自身品牌的知名度和影响力，让消费者对商品品牌产生认同感。

（四）审美心理

审美心理是一种以商品的美感和艺术价值作为追求目标的消费心理，具有审美心理的消费者更加注重商品的造型、色彩、款式与艺术价值，重视商品的风格和个性，讲究商品的造型美、装潢美和艺术美。例如，某款现代艺术沙发的商品详情页设计充满艺术感，独具特色的造型与同色系的布景衬托出了商品的质感，搭配简约大气的介绍字体，突显出了商品的高品质感，如图1–3所示。

（五）廉价心理

具有廉价心理的消费者追求的是物美价廉，即商品功能实用且价格便宜。这类消费者看

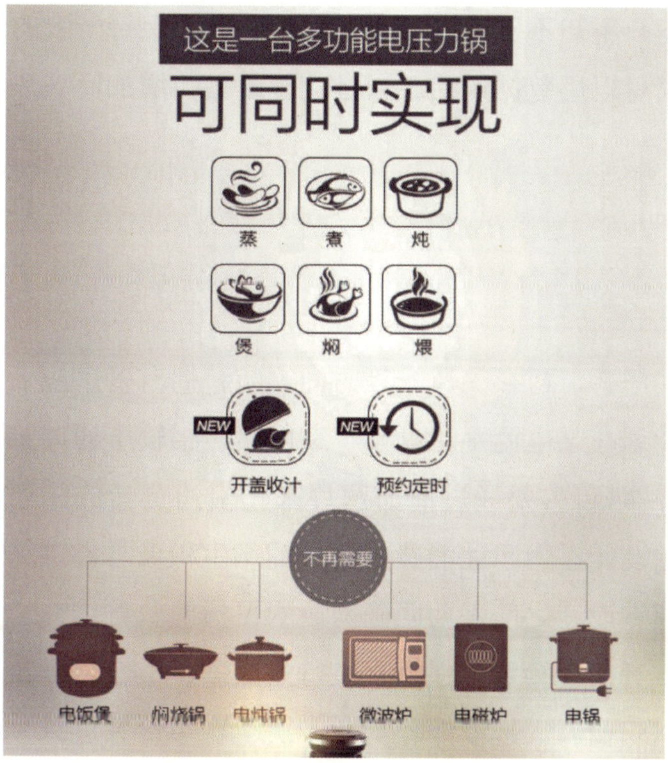

▲图1–2　某电压力锅功能及特色

▲图1–3　某现代艺术沙发

重商品的功能和实用性，对商品外观、样式等不太注重，对价格低廉、经久耐用的商品很感兴趣，且购买能力惊人。如果商品定位于这类消费群体，商家可以通过不断提高商品的性价比，提高商品的效用和功能，或在适当的时候进行有奖销售来吸引更多的这类消费者。

（六）便利心理

便利心理是消费者追求快捷、方便的生活方式而形成的购买动机。具有便利心理的消费者看重商品的“便利性”，包括购买方便、携带方便、使用方便、售后方便等。在这种动机的支配下，消费者对时间与效率特别重视，特别关心能否快捷、方便地买到商品，对购买的商品也有使用、携带、维修方便等方面的要求。

（七）安全心理

持这种心理的消费者通常具备较高的安全防范意识，比较注重商品使用的安全性与商品质量的好坏。因此，商家要尽可能地告知消费者商品是否具备安全保障，或告知消费者如何安全无忧地使用商品。

（八）新奇心理

持这种心理的消费者追求时尚、新奇、刺激、个性，喜欢选择时尚、流行、引领潮流的商品或服务，注重商品的款式、色泽、流行性、独特性与新颖性。这类消费者通常不在乎商品是否经济实惠，看重的是商品能否满足自己的好奇心。针对此类消费者，商家应重点突出商品的“新”，可以通过新品、新技术等方式来满足消费者的新奇心理。

（九）从众心理

从众心理是个体在社会群体的无形压力下，不知不觉或不由自主地与多数人保持一致的社会心理现象。对于这种类型的消费者，商家可以用数据说话，通过宣传商品，增加商品热度的方法促使消费者购买。

任务实施

任务背景：

某服饰企业主营连衣裙、牛仔裤、衬衫、风衣等时尚女装，拥有多家线下实体门店，因业务发展需要，计划在某电商平台开设一家网店。相较于通过五官去感受商品的实体店铺而言，网店主要通过商品图片来吸引消费者的注意力。因此，网店开设完成后需要对其进行视觉设计。为了让消费者对店铺产生积极与肯定的第一印象，对商品产生兴趣和购买欲望，在视觉设计之前需要明确网店的目标消费群体，了解他们的消费行为及心理特征。对此，运营负责人于杨需要根据女装行业数据，结合网店及商品定位，对消费人群的地域、性别、年龄、职业、兴趣爱好、购买频次、客单价等进行分析，从而更好、更精准地进行网店视觉设计（相关资料见Abook资源）。

任务要求：

1. 根据行业人群数据，从地域、性别、年龄、职业、教育水平等维度对消费者基本属性进行分析。

2. 根据行业人群数据，从访问次数、浏览时长、购买频次、客单价等维度对消费者行为属性进行分析。

3. 根据行业人群数据，从兴趣爱好、搜索偏好、购物偏好等维度对消费者心理属性进行分析。

4. 根据行业人群数据分析结果，完成目标消费者分析，初步确定目标消费者特征。

任务分析：

目标消费者分析首先需对消费者基本属性进行分析，然后从消费者行为及消费者心理属性两个角度进行分析。首先，对行业人群的地域、性别、年龄、职业、教育水平等基本属性进行分析；其次，对行业人群的访问次数、浏览时长、购买频次、客单价等消费者行为属性进行分析；再次，对行业人群的兴趣爱好、搜索偏好、购物偏好等消费者心理属性进行分析；最后，根据分析的结果，从整体上对目标消费者进行分析，初步确定目标消费者特征。

任务操作：

任务操作1：针对网店的主营商品，对行业人群的地域、性别、年龄、职业、教育水平等属性数据进行统计，完成消费者基本属性分析，填写表1-1。

表1-1 消费者基本属性分析

消费者基本属性	统计数据	分析结果
地域		
性别		
年龄		
职业		
教育水平		

任务操作2：针对网店的主营商品，对行业人群的访问次数、浏览时长、购买频次、客单价等属性数据进行统计，完成消费者行为属性分析，填写表1-2。

表1-2 消费者行为属性分析

消费者行为属性	统计数据	分析结果
访问次数		
浏览时长		
购买频次		
客单价		

任务操作3：针对网店的主营商品，对行业人群的兴趣爱好、搜索偏好、购物偏好等属性数据进行统计，完成消费者心理属性分析，填写表1–3。

表1–3 消费者心理属性分析

消费者心理属性	统计数据	分析结果
兴趣爱好		
搜索偏好		
购物偏好		

任务操作4：综合行业人群数据分析结果，完成目标消费者分析，初步确定目标消费者的特征，填写表1–4。

表1–4 目标消费者分析与特征

项目	内容
目标消费者分析	
目标消费者特征	

任务评价

评价任务	评价标准	评价结果			
		优	良	中	差
目标消费者分析	准确分析行业人群的地域、性别、年龄、职业、教育水平等消费者基本属性				
	准确分析行业人群的访问次数、浏览时长、购买频次、客单价等消费者行为属性				
	准确分析行业人群的兴趣爱好、搜索偏好、购物偏好等消费者心理属性				
	确定目标消费者特征				

任务拓展

行业不同，目标消费群体不同。请结合化妆品行业某企业的主营商品情况，分析对应的行业人群数据，完成目标消费者定位（具体资料见Abook资源）。

任务二 视觉设计风格选择

任务描述

每个网店都有自己的风格，而风格可以反映店铺形象和视觉感受。要做好店铺视觉设计，首先就要定位店铺风格。在进行网店视觉设计的过程中，需要通过各种视觉元素塑造个性化的风格定位。一般来说，网店的风格主要由商品类型和目标消费人群定位来决定。同时，色彩及字体的搭配要符合整个店铺的主题，能够体现出店铺的品牌文化及正面形象，达到加深消费者记忆的目的。

本任务的主要工作内容：

1. 分析色彩的应用及搭配效果。
2. 分析文字的应用及布局效果。
3. 完成网店视觉设计风格的选择。

任务准备

一、色彩的搭配

色彩是定位网店风格的重要因素，在网店视觉设计过程中，色彩搭配是做好网店视觉设计的基础。许多卖家喜欢把一些绚丽的色块堆砌在一起，这样会导致整个页面色彩杂乱无章。其实，优秀的页面应该有自己的主色调，再辅助一些搭配颜色，使整个画面干净、美观。

色彩三要素

（一）色彩的类型

在色彩搭配中，主色、辅色与点缀色是三种不同功能的色彩。例如，在图1-4所示的色彩搭配中，主色热情红、辅色橡树黄、点缀色未来银可以营造出大胆、时尚的视觉效果；主色铅灰色、辅色可可棕、点缀色自由黄，可以营造出简练、现代、有活力的视觉效果。

▲图1-4 色彩搭配

网店在进行页面的色彩搭配时，需要遵循一定的比例。一般来说，配色的黄金比例为“70 : 25 : 5”。其中，主色色域应该占总版面的70%，辅色所占比例为25%，点缀色所占比例为5%。

1. 主色

主色是页面中占用面积最大，也是最受瞩目的色彩，它决定了整个店铺的风格，主色不宜过多，一般控制在1~3种颜色，过多容易造成视觉疲劳。主色不是随意选择的，而是系统性分析品牌受众人群的心理特征，找到群体中易于接受的色彩，如童装喜欢选择黄色、粉色和橙色等暖色调作为主色，图1-5所示的米黄色即为店铺的主色。

▲图1-5　童装店铺主色

2. 辅色

辅色是占用面积略小于主色，用于烘托主色的颜色。合理应用辅色能丰富页面的色彩，使页面显示完整、美观。

3. 点缀色

点缀色是页面中面积小、通常色彩较醒目的一种或多种颜色。合理应用点缀色，可以起到画龙点睛的作用，使页面主次分明、富有变化。

不同色彩搭配的情感表现

（二）色彩搭配技巧

通常，网店视觉设计的配色流程为：首先根据店铺类目选择占用面积大的主色，然后根据主色合理搭配辅色与点缀色，用于突出页面重点、平衡视觉。

1. 确定主色

主色不是随意选择的，而需要分析目标消费人群的心理特征，找到这部分群体易于接受的色彩后确定的。当主色确定后需要在网店视觉设计中一直延续下去。当然，在后期的运营过程中，若发现最初的主色定位有偏差，可进行适当调整。

2. 搭配辅色

确定了主色后，需要依靠辅色来进行衬托，让整体的风格不偏离这种色调，同时又感觉不压抑。在页面配色上要将主色的影响力发挥到极致，辅色只能是辅助，不要喧宾夺主，避免影响网店本身的视觉体系。

（1）绿色。绿色与健康相关，可以营造清新自然的感觉，所以经常用于与健康相关的网店。例如，将绿色和白色搭配使用时会给人一种自然的感觉，将绿色和红色搭配时会给人一种鲜明且丰富的感觉。同时，绿色可以适当缓解眼部疲劳，为耐看色之一。

（2）黑色。黑色具有高贵、稳重的意象，许多科技商品都会采用黑色调，生活用品和服饰用品设计大多利用黑色来塑造高贵或神秘的形象。黑色的色彩搭配适应性非常广，无论什么颜色与黑色搭配都能取得鲜明、华丽、赏心悦目的效果。

（3）黄色。黄色具有一种明朗愉快的效果，能够得到大部分人的认可。通过与紫色、蓝色等颜色结合，可以得到温暖愉快的积极效果。黄色与黑色的结合可以得到清晰整洁的效果，同时黄色还可以起到强调、突出的作用，所以常用于特价标志或者想要突出的图标背景色。

（4）红色。红色是强有力、喜庆的色彩，具有刺激效果，容易使人产生冲动，是一种雄壮的精神体现，可以给人愤怒、热情、活力的感觉。红色常用于突出颜色，因为鲜明的红色极容易吸引人们的目光。高亮度的红色通过与灰色、黑色等搭配使用，可以得到现代且激进的感觉；低亮度的红色可以通过冷静沉着的感觉营造出古典的氛围。

3. 巧用点缀色

点缀色通常用来打破单调的页面整体效果，如果选择与背景色过于接近的点缀色，则不会产生理想效果。为了营造出生动的页面氛围，点缀色应选择比较鲜艳的颜色。在少数情况下，当需要营造特殊的低调柔和的整体氛围时，可以选用与背景色接近的色彩。在页面中，点缀色的应用不在于面积大小，面积越小，色彩越强，点缀色的效果越突出。

不同的商品有着不同的消费群体，不同的消费群体有着不同的个性和特点，他们喜好的风格也大不相同，就像性格不同的人群有着不同的着装风格一样。因此，在进行网店视觉设计之前，首先需要分析店铺的目标消费群体，只有了解他们的心理特点和喜好，利用不同风格的配色去迎合他们的需求，才能获得较好的视觉效果。

二、文字的应用

在进行视觉设计时，文字的表现与商品的展示同样重要。文字可以对商品、活动、服务等信息进行及时的说明和指引，并且可以通过合理的设计和编排，让信息的传递更加准确。

（一）常见的字体类型

不同字体展现不同的风格特征，需要根据商品的特征来选择对应的字体。一般来说，选择两三种匹配度高的字体形成的视觉效果更佳。

1. 线形字体

线形字体是指文字笔画的每个部分的宽窄都相当，表现出一种简洁、明快的感觉。这种形式在网店视觉设计中较为常用，常用的线形字体有方正细圆简体、幼圆等。如图1–6所示为线性字体的应用。

▲图 1-6　线形字体的应用

2. 书法字体

书法字体外形自由、流畅，且富有变化，笔画间显示出洒脱和力道。使用书法字体可以让画面中文字的外形设计感增强，表现出独特的韵味。常用的书法字体有楷体、篆书体、隶书体、行书体等。图 1-7 所示为书法字体的应用。

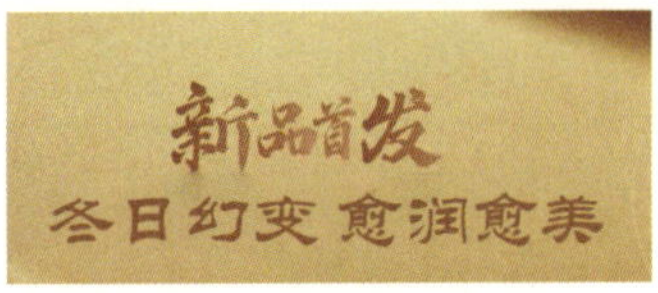

▲图 1-7　书法字体的应用

3. 手写字体

手写字体是指手写风格的字体，手写字体的形式因人而异，带有较为强烈的个人色彩。在网店视觉设计中使用手写字体，可以表现出随意和不受局限的自由性。但是大段文字使用手写字体，容易产生视觉上的审美疲劳。

4. 规整字体

规整字体的外形标准、整齐，可以表现出一种规整的感觉，是网店视觉设计中较为常用的字体，它能够准确、直观地传递出商品或店铺的信息。在网店的页面构成中，利用规整字体，通过调整文字间的排列间隔，可以很好地表现出画面的节奏感，给人大气、端正的印象。图 1-8 所示为规整字体的应用。

5. 艺术字体

艺术字体是把传统的字体做创意性、特殊性的美化与修饰，运用夸张、明暗、增减笔画形象、装饰等手法，以丰富的想象力，重新构成字形，既加强了文字的特征，又丰富了标准字体的内涵。图 1-9 所示为艺术字体的应用。

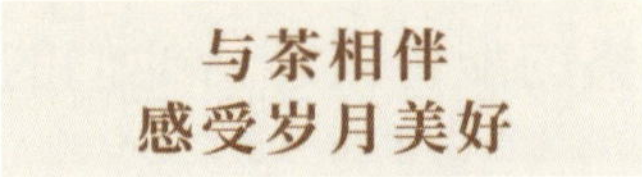

▲图 1-8　规整字体的应用

（二）常用的字体风格

字体风格形式多变，不同的字体可以表现出不同的风格，引发不同的视觉联想。选择合适的字体风格不仅能渲染页面的氛围，还能便于消费者对主题的理解与消化。

▲图 1-9　艺术字体的应用

1. 男性字体

在车、剃须刀、重金属、足球等以男性消费者为主体的商品设计中，一般使用笔画粗的黑体类字体或带棱角的字体。常用的男性字体有方正粗谭黑简体、造字工房劲黑、汉仪菱心体简、蒙纳简超刚黑等。图 1-10 所示的剃须刀海报中使用的字体就是男性字体，能很好地展示男性硬朗、粗犷、力量、稳重、大气的特点。

▲图 1-10　男性字体的应用

2. 女性字体

在鲜花类、珠宝配饰类、护肤品、化妆品等以女性消费者为主体的商品设计中，一般采用纤细秀美、时尚、线条流畅、字形有粗细变化的字体，如宋体、方正中倩简体、方正正纤黑简体、方正兰亭黑简体等。

3. 儿童字体

在零食、玩具、童装、点读机、卡通漫画等以儿童消费者为主体的商品设计中，一般采用活泼、可爱、呆萌、肥圆、调皮的字体，如汉仪娃娃篆简、方正胖娃简体、方正少儿简体等。图1-11所示的字体圆润逗趣，符合可爱、调皮的特点。

▲图1-11　儿童字体的应用

（三）文字的编排原则

在网店的视觉设计中，文字除了传达营销信息外，还是一种重要的视觉元素，文字的布局在画面空间、结构、韵律上都是很重要的因素。通常，文字在编排时具有以下原则：

1. 统一性原则

在进行文字的编排时，需要把握文字的统一性，即文字的字体、粗细、大小与颜色在搭配组合上让消费者有一种关联的感觉，这样文字组合才不会显得松散杂乱。

2. 层次性原则

在进行网店视觉设计时，文案的显示并非简单地堆砌，而是有层次的，通常是按照重要程度设置文案的显示级别，引导消费者浏览文案的顺序，首先映入消费者眼帘的应该是作品强调的重点。在进行文字的编排时，可利用字体、粗细、大小与颜色的对比来设计文案的显示级别。

三、风格选择的方法

视觉设计的风格比较多样，有现代简约风格、田园风格、复古风格、新古典风格、俏皮可爱风格等。具体选择哪种风格不仅需要和商品、品牌定位相关联，还要和消费人群相融合。网店的视觉设计在细节、主题、色彩等方面都是需要仔细思考的，这些都能体现出网店的形象和商品的定位。

（一）根据店铺类型进行选择

1. 女装类店铺

如果是经营女装的店铺，店铺的风格主要偏向优雅大方、青春靓丽，色彩选择上建议采用紫色、粉色、红色等能够突出女性特点的色彩，与此同时，为了更好地突出女性柔美的特点，可以采用一些时尚女性或者文艺唯美的图片来对店铺进行视觉设计。

2. 男装类店铺

男装类店铺要突出活力健康的感觉，所以在进行网店视觉设计时，建议多采用绿色、蓝色、黑色等色彩。在视觉设计风格上，要直接、简洁、干净利落。可按照店铺商品的类型选取时尚、正式、休闲、轻松的素材来确定风格。

3. 食品类店铺

食品类店铺是目前主流的店铺类型之一，竞争日趋激烈，想要在其中占得优势，视觉设计是一个关键因素。食品类店铺视觉设计主要是突出绿色、环保、无污染的健康安全理念，因此可以选择绿色、蓝色作为主色。

4. 家居用品类店铺

对于经营家居用品的店铺来说，商品类型相对要丰富一些，可以根据销售的商品类型来选择适宜的设计风格。例如，销售墙纸、窗帘、地毯等家居装饰类商品的店铺，可以选择温暖的色调，如米色、浅灰等，营造出舒适、温馨的家居氛围；销售餐具、厨房用品的店铺，可以选择橙色、绿色、蓝色等明快的色调，使商品显得生动。总之要围绕店铺的商品类型来定位视觉设计的风格，图1-12所示为家居用品类店铺视觉设计风格。

5. 化妆品类店铺

在对化妆品类店铺进行视觉设计时，应该尽量突出自然、清爽、健康的特点，建议以粉色、绿色、蓝色为主色。

6. 首饰类店铺

经营首饰类的店铺，要根据首饰的不同材质、类型等来确定店铺的视觉设计风格。在视觉设计颜色的选择上，建议采用具有梦幻色彩的紫色、粉色、橙色等，用以彰显首饰的美丽和浪漫情怀。图1-13所示为首饰类店铺视觉设计风格。

▲图1-12　家居用品类店铺视觉设计风格

▲图1-13　首饰类店铺视觉设计风格

（二）根据消费人群进行选择

对于市场细分程度较高、服务消费者群体明确且共性明显的店铺，可以依据目标消费者的年龄层次、兴趣爱好和消费能力等特征总结出消费者的视觉偏好，然后有针对性地定位店铺的视觉形象。

例如，销售童装的店铺，童装的消费主体虽然是家长，但是孩子在购物的决策过程中也有一定的参与度。为了迎合这部分人群的视觉偏好，销售童装的店铺在设计页面时多采用鲜亮的颜色，也可采用卡通或手绘的视觉元素赢得家长和孩子的好感。

又如，销售商务女装的店铺，成熟白领女性普遍偏好简单的色彩，作为品牌女装经典三色的黑、白、灰可以最大限度地彰显个性而不张扬的内敛之美，可以此为依据进行店铺的视觉形象定位，利用大尺寸图片、小篇幅文案和简洁的视觉设计吸引目标人群。

直通职场

视觉设计新趋势

视觉设计往往需要跟随时代潮流而变化，如若一成不变，网店、品牌或商品被时代、被消费者淘汰的可能性会增大。设计趋势一直都处于不断变化与轮回之中，设计风格也跟随时代潮流在不断变化。以下为近年视觉设计的新趋势、新方向：

1. 幻彩立体

幻彩立体是3D设计的演化，不过风格上有些微妙的变化：质感更轻盈纯粹、色彩更少、图形更几何块面化，其能够带来真实的空间立体感受，直观自然，如图1-14所示。

2. 几何分形

几何分形更具表意，更趋于表达真实情感，少了一些图形的抽象化装饰，更多的是传达设计理念。当分形形状与色彩完美结合时，可以创建出极具吸引力的视觉效果，如图1-15所示。

3. 数字艺术

将数字艺术与网店视觉设计联系起来，会给网店整体视觉风格带来很大的变化。另外，对网店视觉设计专员的能力要求也会很高，如需要了解虚拟数字化设计、新三维技术等，如图1-16所示。

▲图1-14　幻彩立体

▲图1-15　几何分形

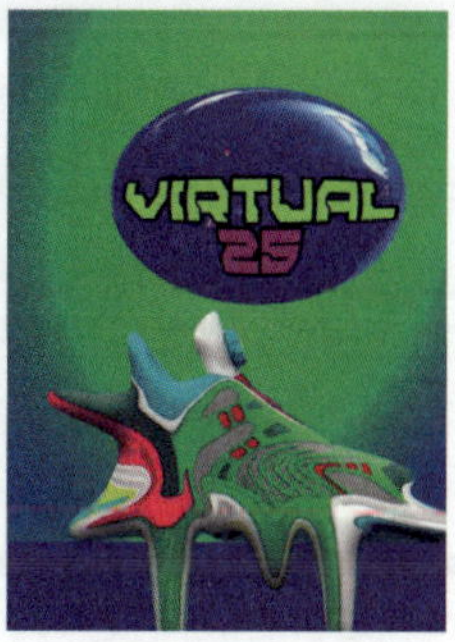

▲图1-16　数字艺术

任务实施

任务背景：

某服饰企业成立于2015年，以时尚、自然作为品牌风格，注重服装的细节设计，以简单款式搭配，充分演绎简约而不失精致、个性而不失经典的穿搭风格。作为一家线下转型线上的网店，首先需要建立自己的专属风格，风格定位是网店视觉设计的第一步。运营部于杨决定对市面上同类型网店的视觉风格进行分析和学习，对此选择了销量相对靠前的三家网店，主要从色彩搭配、文字应用角度分析其视觉风格，并结合品牌风格、目标消费人群特征等完成店铺的视觉风格选择（相关资料见Abook资源）。

任务要求：

1. 分析三家网店色彩的应用及搭配效果。

2. 分析三家网店文字的应用及布局效果。

3. 根据分析结果，结合品牌风格、主营商品及目标消费人群特征，完成店铺的视觉风格选择。

任务分析：

在进行网店视觉风格选择时，需要结合品牌风格、主营商品及目标消费人群特征，从色彩搭配、文字应用等维度进行分析。在进行色彩搭配分析时，可以分析页面对于主色、辅色及点缀色的应用，如何通过色彩搭配营造符合网店及商品特色的视觉效果；在进行文字应用分析时，可以分析字体的类型、风格、布局等，如何通过字体渲染页面氛围，加深消费者对于页面内容的理解。

任务操作：

任务操作1：对三家网店色彩的应用及搭配效果进行分析，填写表1-5。

表1-5 色彩的应用及搭配效果分析

网店名称	主色	辅色	点缀色	搭配效果

任务操作2：对三家网店文字的应用及布局效果进行分析，填写表1-6。

表1-6 文字的应用及布局效果分析

网店名称	字体类型	字体风格	布局效果

续表

网店名称	字体类型	字体风格	布局效果

任务操作3：综合分析结果，结合品牌风格、主营商品及目标消费人群特征，对网店的视觉风格进行选择，填写表1-7。

表1-7 网店视觉风格选择

设计要点	色彩搭配			文字应用	
	主色	辅色	点缀色	字体类型	字体风格
具体内容					

任务评价

评价任务	评价标准	评价结果			
		优	良	中	差
视觉设计风格选择	从主色、辅色及点缀色等角度准确分析网店页面色彩的搭配及应用效果				
	从文字的类型、风格等角度准确分析网店页面文字的应用及布局效果				

任务拓展

相较于女装，化妆品行业竞争相对偏小，请结合化妆品行业某企业的品牌风格、主营商品及目标消费人群特征，完成店铺视觉风格选择（具体资料见Abook资源）。

同步测评

一、单项选择题

1. 消费者个体因素不包括（　　）。

A. 性别　　B. 年龄

C. 教育背景　　D. 网购设备应用水平

2. 消费者行为过程可分为唤起需求、收集信息、比较选择、购买决定和（　　）五个阶段。

A. 购后评价　　B. 自我认知

C. 售后服务　　D. 视觉设计

3. 关于具有廉价心理的消费者，以下描述错误的是（　　）。

A. 具有廉价心理的消费者追求的是物美价廉，即商品功能实用且价格便宜

B. 一般为家庭妇女或中老年消费群体所具有

C. 这类消费者不仅看重商品的功能和实用性，而且十分注重商品外观、样式等

D. 对价格低廉、经久耐用的商品很感兴趣，且购买能力惊人

4. 一般来说，选择（　　）匹配度高的字体形成的视觉效果最佳。

A. 两三种　　B. 一种

C. 5种以上　　D. 不限数量

5. 以下不属于男装视觉设计风格定位的是（　　）。

A. 沉稳　　B. 甜美

C. 大方　　D. 霸气

二、多项选择题

1. 消费者行为一般由（　　）组成。

A. 消费者的购买决策过程　　B. 消费者的行动

C. 消费者人数　　D. 消费者质量

2. 以下关于消费者心理说法正确的有（　　）。

A. 具有便利心理的消费者对购买的商品有使用、携带、维修方便等方面的要求

B. 具有审美心理的消费者更加注重商品的造型、色彩、款式与艺术价值

C. 具有价值心理的消费者在选购商品或服务时会更加注重商品或服务的质量和功效

D. 对于具有新奇心理的消费者，商家应重点突出商品的“新”，可以通过新品、新技术等方式来吸引消费者

3. 具有审美心理的消费者以商品的（　　）作为追求目标。

A. 美感　　B. 艺术价值

C. 名牌商品　　D. 名人效应

4. 在色彩选择时，女装类店铺一般会选择（　　）。

A. 黑色　　B. 蓝色

C. 粉色　　D. 紫色

5. 在色彩搭配中，（　　）是三种不同功能的色彩。

A. 主色　　B. 辅色

C. 点缀色　　D. 背景色

三、判断题

1. 消费者行为过程的起点是唤起需求。（　　）

2. 消费心理是消费者因为一定原因而产生购买行为的一系列心理活动，不同消费者的消费习惯会产生不同的消费心理。（　　）

3. 身份心理是一种以追求名牌商品或名人效应为主要倾向的消费心理。（　　）

4. 优秀的页面应该有自己的主色调，再辅助一些搭配颜色，使整个画面干净、美观。（　　）

5. 主色调是随意选择的，不需要分析目标消费人群的心理特征。（　　）

四、技能操作题

任务背景：

某女包企业主营手提包、双肩包、零钱包、单肩包等时尚女包，设计上追求时尚潮流，提倡表达自由、张扬个性的主旋律，坚持青春、时尚、优雅的风格，致力于打造现代女性的自信和魅力。该企业拥有多家线下实体门店，因业务发展需要，计划在某电商平台开设一家网店。

相较于通过五官感受商品的实体店铺而言，网店主要通过商品图片来吸引消费者的注意力。因此，网店开设完成后需要对其进行视觉设计。为了让消费者对店铺产生积极与肯定的第一印象，对商品产生兴趣和购买欲望，在视觉设计之前需要明确网店的目标消费群体，了解他们的消费行为及心理特征。对此，运营负责人韩琦需要根据女包行业数据，结合网店及商品定位，对消费人群的地域、性别、年龄、职业、兴趣爱好、购买频次、客单价等进行分析，从而更好、更精准地进行网店视觉设计（相关资料见Abook资源）。

任务要求：

1. 根据行业人群数据，从地域、性别、年龄、职业、教育水平等维度对消费者基本属性进行分析。

2. 根据行业人群数据，从访问次数、浏览时长、购买频次、客单价等维度对消费者行为属性进行分析。

3. 根据行业人群数据，从兴趣爱好、搜索偏好、购物偏好等维度对消费者心理属性进行分析。

4. 根据行业人群数据分析结果，完成目标消费者分析，初步确定目标消费者特征。

2

项目二

视觉设计素材处理

学习目标

知识目标

- 了解文案的重要性
- 了解图片类型及对应格式
- 了解文案的常见类型
- 熟悉视频剪辑的相关术语
- 熟悉视频镜头组接的要点
- 熟悉视频字幕添加与音频选择的原则
- 掌握文案的撰写方法
- 掌握文案素材的制作要点
- 掌握图像素材的处理方法
- 掌握图形素材的应用方法
- 掌握为视频素材添加转场的方法

技能目标

- 能根据网店营销需求，对商品基本信息进行分析提炼，完成不同类型的文案素材制作
- 能根据网店图片处理要求，使用图片处理软件对图片素材进行处理
- 能根据网店视频剪辑要求，使用视频剪辑工具对视频素材进行剪辑

素养目标

- 弘扬爱岗敬业、克难攻坚的工匠精神
- 树立尊重知识、崇尚科学的意识
- 培养发现问题、分析问题、解决问题的能力

学习导图

文案素材制作	图片素材处理	视频素材剪辑
文案的重要性 文案的常见类型 文案的撰写方法 文案素材的制作要点	图片类型及对应格式 图像素材的处理 图形素材的应用	视频剪辑相关术语 镜头组接的要点 添加转场的方法 字幕添加与音频选择的原则

案例导入

优质的设计素材　营造伞具高级感

优质的设计素材是网店视觉设计成功的第一步。如果使用效果不佳、存在明显问题的设计素材，可能会导致消费者流失，降低店铺和商品的竞争力。

某品牌是一家专注于防晒伞、雨伞等伞具生产开发的创新型企业。“让每个人都能用上好伞”是品牌的愿景，其文案是围绕品牌愿景及设计初衷进行创作的，例如“让时尚融入，用科技装配”，文案内容简洁，既符合品牌理念，又凸显出了伞具的高级感。

为了能够凸显出伞具的品质和设计理念，吸引更多的消费者关注，该品牌旗舰店的每一款商品都配有优质的图片素材和视频素材。

1. 优质的图片素材

该品牌旗舰店的商品图片素材（见图2-1）清晰度高、画面干净，色彩协调、背景色调温馨雅致，与马卡龙色的商品相协调；商品布局简洁大方，不同高度的展台让几件商品形成错落有致的关系，增加图片的立体感。

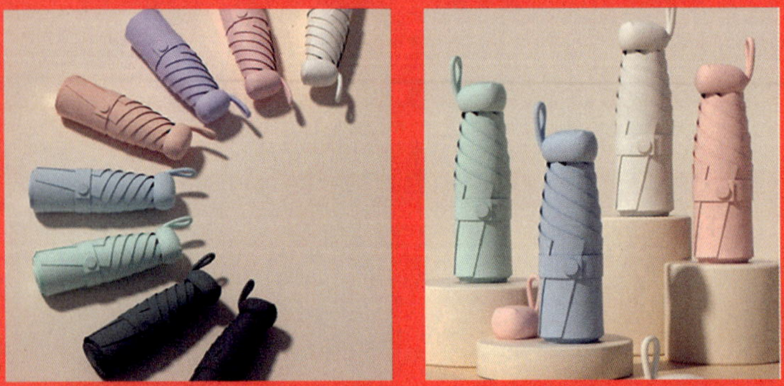

▲图2-1　商品图片素材

2. 精良的视频素材

通过对目标消费者的需求和喜好进行分析，该品牌的视频素材大多为商品质量、材质等细节的展示，多运用近景、中景镜头，辅以少量的文字描述，营造出一种高级感。

任务一 文案素材制作

任务描述

文案可以传递店铺及商品的价值信息，好的文案可以让目标消费者对商品形成清晰的认知，从而为后续的市场推广、商品销售打下良好的基础。不同类型的文案，其撰写方法及应用场景不同。制作文案素材前要了解文案的类型，明确其目标导向，尽可能地呈现消费者最想看到的元素，说服消费者尽快做出购买决策。

本任务的主要工作内容：

1. 了解文案的重要性及常见类型。
2. 掌握文案的撰写方法与文案素材的制作要点。
3. 完成网店文案素材的制作。

任务准备

网店与实体店一样会不定期举行各类促销活动，如某电商平台的“新品上线”“满减”“满折”活动等，活动宣传不仅需要大量的图片来展示，还需要必要的说明文字和宣传文字，以便更好地突出商品特点，这时文案策划就非常重要。

一、文案的重要性

文案在商品的表现力上起着重要的作用，好的文案不仅能对商品进行详细介绍，还能兼顾广告作用。从广告的角度来讲，文案是将商品卖点通过文字渗透到消费者的思维中，让消费者接受、认同，从而产生购买行为。网店文案的重要性不言而喻，主要体现在以下几个方面：

（一）吸引消费者眼球

图文并茂是网店视觉呈现的最大特点，有了精美的素材，文案往往能起到画龙点睛的作用。例如，网店中最常见的促销文案“仅售9.9元”能在短时间内吸引消费者的眼球，传递商品的价值。

（二）刺激消费者购买

优秀的文案相当于出色的导购人员，能准确抓住消费者的购买心理，不仅能很好地介绍商品，还能减少消费者的顾虑，刺激消费者的购买欲望，促进商品的销售。例如，促销文案

“花100元买200元的商品”，虽然促销力度相当于“打5折”，但在文案中并没有直接将商品定义为“折扣商品”，这种描述可以让消费者感觉“优惠是一种激励措施，而非简单的折扣”，从而在心理上减少疑虑，刺激消费者购买。

（三）突出商品质量，提高消费者信任度

在商品详情页中，想要把商品描述得生动有力，文案必须能全面介绍和展现商品功能属性及售后服务等，从不同角度表现商品的卖点和优势，让消费者看到商品的质量保证，感受到店铺的专业服务。例如，商品材质介绍可以用文案“舒适、透气、耐磨”告诉消费者商品材质的优势，突出商品质量，提高消费者信任度。

二、文案的常见类型

网店文案需要与素材图片进行结合，文案内容要与营销场景相呼应。下面介绍几种常见的文案类型。

（一）描述类文案

这类文案主要是对商品的特点、功能、材料、用途等进行详细描述，旨在让消费者更好地了解商品，做出购买决策。

（二）促销类文案

这类文案主要是通过打折、买赠、限时抢购等促销手段引导消费者购买，通常采用短小精悍的文案形式，强调限时性和优惠程度，如“夏装大促，5折抢鲜”。

（三）品牌宣传类文案

这类文案旨在展示品牌形象，突出品牌文化，让消费者产生认同感，提高品牌忠诚度。例如：“品牌实力——6年专注于家居商品研发与生产。公司秉承‘客户至上，锐意进取’的经营理念，坚持‘客户第一’的原则为广大客户提供优质的服务，为线下众多商家供货。”

（四）评价类文案

这类文案主要是消费者对商品进行的评价，包括好评、晒单等形式，可以帮助消费者更加客观地了解商品的实际情况，做出更为准确的购买决策。

（五）营销活动类文案

这类文案主要是针对某些特殊节日或重要活动设计的营销活动文案，旨在吸引消费者购买，增加销量，如“六一儿童节，童趣不打烊，全场6折起——夏季童装”。

三、文案的撰写方法

有效挖掘商品卖点，快速撰写出优于同类商品的文案，需要掌握文案撰写的方法。下面介绍三种常用的文案撰写方法：

（一）九宫格思考法

利用九宫格矩阵图，将思考的主题写在中心的格子里，以主题为中心向其他八格进行扩散，找出构成主题的八个主要要素，然后展开思考，直到找到合适的文案撰写思路。九宫格思考法可分为扩散型和环绕型。

1. 扩散型

扩散型是一种不受限制的思维方式。例如，可以将一张白纸用笔分成九个方格，将要思考的主题填写在中间，然后在其他八个方格中分别填写商品的优点。如果有新的灵感，可以将其他八格继续衍生，形成多个层级的九宫格，以关键词为中心形成完整的思维网络图，适用于在创意灵感和想法匮乏时快速打开思路和头绪。

2. 环绕型

环绕型适用于流程化的文案类型，列出中间方格中的主题，按顺时针顺序思考，依次填写其他八个方格。如以赣南脐橙为例，运用九宫格思考法提炼文案卖点，如图2-2所示。

（二）要点延伸法

要点延伸法是将商品特点以单点的形式排列开来，然后针对单点展开阐述，丰富文案的素材、观点，为文案提供资料来源。要点延伸法的要求是将商品的要点展开，需要对商品有深刻的使用体验和认知。如果说九宫格思考法引发的是对商品卖点的思考，要点延伸法就是对商品卖点的展开和内容扩充，将卖点详细、扼要地描述出来。如以普洱茶为例，运用要点延伸法提炼要点，如图2-3所示。

个头大 皮薄	水分足 酸甜比例适中	肉质脆嫩 浓甜芳香
富含维生素C 和胡萝卜素	赣南脐橙	原生态种植 农残检验达标
产自赣南寻乌， 土壤富硒，有助 于提高免疫力	优选精品果径 品质保证	现摘现发，新鲜 直达，坏果直赔

▲图2-2　赣南脐橙九宫格思考法的应用

▲图2-3　普洱茶要点延伸法的应用

（三）三段式写作法

与要点延伸法基本一致的还有经典的三段式写作法，类似新闻学中经典的"倒金字塔结构"，多用于网店商品详情页的文案中。第一段要浓缩要点，将商品信息、商品优点等用精练的销售语言表达出来，目的是让绝大多数人看完第一段后便可以知道文案在表达什么；第二段（正文）展示主要内容，展示什么则主要取决于个人的文字功底，可以像要点延伸法那样将商品卖点全部罗列出来；第三段的主要任务是强化商品卖点，加深商品优势在消费者脑海中的印象。第三段最为重要，在这一段中要把消费者使用商品之后的场景、效果直接表达出来，让消费者产生购买欲望。

直通职场

网店文案策划的主要内容

在网店运营过程中，文案策划是非常重要的一项工作。在进行网店文案策划时，首先要明确文案的目标导向，其次要展现消费者想要看到的元素，最后要说服消费者做出购买决策。

1. 明确文案的目标导向

明确文案的目标导向主要考虑以下几个问题：

（1）文案是写给谁看的?

（2）平台或者店铺的定位是什么?

（3）文案要表达什么或者解决什么问题?

例如，某个主营儿童玩具的网店，写的文案是给宝妈看的，定位是2~4岁的宝宝，文案要呈现的是玩具有助于宝宝智力的发育。

2. 展现消费者想要看到的元素

要想呈现出来的内容是消费者想看到的，那么就必须深入了解消费者的需求，一个好的文案需要呈现出一个完整的购买路径：

（1）一个完整的消费路径。

（2）一个清晰的搜索路径。

（3）一个可供消费者选择的路径。

3. 说服消费者做出购买决策

通过文案说服消费者做出购买决策，主要有以下几点注意事项：

（1）文案要简单直接，不要拐弯抹角，不要使用复杂的修饰语和文字。

（2）突出差异化，给消费者耳目一新的感觉。

（3）搭配优质的商品图片或短视频。

四、文案素材的制作要点

文案通常与商品图片相辅相成，优秀的文案素材不仅可以引导销售，还可以提升商品转化率。要想制作一份优秀的文案素材，需要注意以下几个要点：

（一）彰显定位，增强消费信心

制作文案素材时，单纯地说商品的质量好或品牌好，消费者未必认可，应添加一些有激励作用的文字，但一定是属实的内容，如“累计爆卖34000000+双”，这样不但说明了商品销量较好，还能从侧面体现出商品的品质，如图2-4所示。从营销的角度来看，可以给消费者以暗示，表明所销售商品的质量、服务等有保障。

▲图2-4　销量说明

（二）巧妙对比，凸显细节和专业性

在同类型商品中，若要体现自身商品的优势，可以通过细节和专业性两方面的对比来展示。首先从细节上与同类商品进行对比，告诉消费者“我”更优质；其次可以从专业的角度与同类商品进行对比，告诉消费者“我”更专业。例如运动鞋类商品，可以通过对比商品原材料的区别来凸显专业性。该方法广泛用于商品详情页，如图2-5所示。

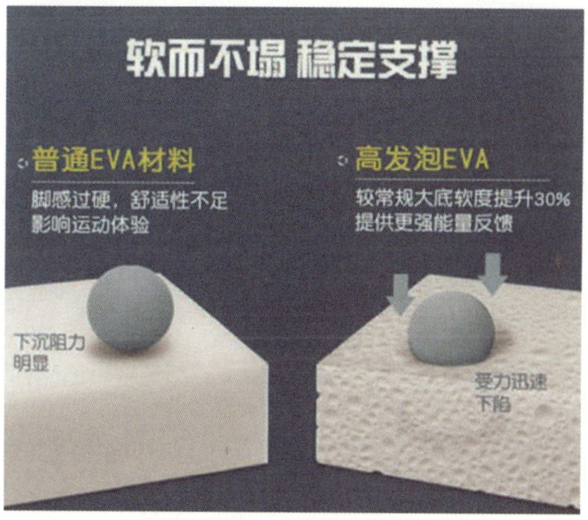

▲图2-5　优劣对比

（三）低价商品，强调品质

如果在售商品是低价商品，消费者可能会担心其质量问题，制作文案素材时要重点突出商品品质，该方法对于商品主图、商品详情页均适用。

（四）高价商品，强调价值

如果在售商品是高价商品，则应强调商品的价值，可以从商品本身的材质、做工、来源和卖点等方面体现出商品价格偏高的原因；除此以外，可为商品赋予能够打动消费者的文化价值，增加消费者的认同感。

（五）有的放矢，减少消费者困惑

在进行商品描述时，应尽量做到图文结合，从细节中体现商品的质量。图片的真实性和文案的详细性是影响转化率的重要因素。商品描述信息要清晰，表达要连贯，避免出现逻辑问题。

任务实施

任务背景：

网店视觉设计风格定位完成之后，接下来需要进行设计素材的处理。运营部计划推出一款实体店同款连衣裙，需要对连衣裙已有的商品信息进行分析、提炼，结合目标消费人群特点，完成文案素材的制作，为后续商品发布及营销活动策划做准备（相关资料见Abook资源）。

电商文案写作的切入点

任务要求：

1. 根据网店营销需求，结合目标消费人群特点，对商品信息进行分析、提炼。
2. 根据商品特性，结合文案撰写方法及文案素材制作要点，完成文案素材的制作。

任务分析：

通常，在制作文案素材之前需要对商品、目标消费人群及市场同类商品等进行深入了解，这些都是制作文案素材时最基础的知识储备。首先需要对商品信息进行分析，列举出商品的特点，如质量、设计、包装、营销策略等。然后对这些特点进行分析，再将其与市场上同类的优秀商品文案素材进行比较，根据网店及商品特性，对文案素材内容进行创意设计，加强消费者对于商品的认可。

任务操作：

任务操作1：分析给定的连衣裙商品信息，通过九宫格思考法提取商品的特点，并填写表2-1。

表2-1　商品特点提取

任务操作2：针对连衣裙商品的特点，通过要点延伸法进行要点延伸，并填写表2-2。

表2-2 商品要点延伸

商品特点	要点延伸		

任务评价

评价任务	评价标准	评价结果			
		优	良	中	差
文案素材制作	商品信息分析全面，商品特点提取准确、合理				
	商品要点简明扼要，内容充实，符合商品特性				

任务拓展

消费者购买护肤品时，最担心的是质量和效果问题，因此在制作文案素材时要体现相应的特点，以打消消费者顾虑。请结合以上服装行业文案素材制作的方法及要点，完成化妆品行业某企业的商品文案素材制作工作（具体资料见Abook资源）。

任务二 图片素材处理

任务描述

商品拍摄完成后得到的图片通常称为“底片”，未处理的底片大多不能满足网店商品展示的要求。商品图片的效果不仅受前期拍摄水平的影响，还和后期美化息息相关。为了使商品图片更加美观、更具吸引力，需要对图片素材进行一系列的后期处理。

本任务的主要工作内容：

1. 了解常见的图片类型及对应格式。
2. 完成网店图片素材的处理。

任务准备

图片是由图像、图形等构成的平面媒体，无论是设计网店首页、商品详情页还是广告图，都会用到图片。

商品拍摄的基本技巧

一、图片类型及对应格式

图片可以分为位图、矢量图两种类型，两种类型的图片对应不同的图片格式。

（一）位图

位图又称为点阵图、像素图或栅格图，由像素点组成，这些像素点可以进行不同的排列和染色，以构成图像，如图2-6所示。位图善于重现色彩的细微层次，色彩和亮度变化丰富，文件庞大，不能随意缩放。其图像尺寸越大，色彩越丰富，文件就越大。常用的位图绘制软件是Photoshop，文件格式为JPEG、PNG、PSD、GIF等。

▲图2-6　位图

1. JPEG格式

JPEG格式是网络中比较常见的图片格式，它支持真彩色、CMYK、RGB和灰度模式，后缀名为“.jpeg”或“.jpg”。JPEG图像压缩算法能够在提供良好的压缩性能的同时，保证比较好的重建质量，因而被广泛应用于图像处理领域。该格式的图片具有高保真效果和低容量的特点。

2. PNG格式

PNG格式是一种采用无损压缩算法的位图格式，支持索引、灰度、RGB三种颜色方案以及Alpha通道等特性。它能把图像文件压缩到极限以利于网络传输，又能保留所有与图像品质有关的信息。

3. PSD格式

PSD格式是Photoshop软件的专用格式。PSD文件支持RGB、CMYK模式，能够自定义颜色数并加以存储，还可以保存Photoshop软件中的图层、通道、路径等信息。用PSD格式保存图像时，图像没有经过压缩，所以当图层较多时会占用很大的硬盘空间。

4. GIF格式

GIF格式最多只能容纳256种颜色，适合颜色少的图像。这种格式可以保存透明或半透明的图片，网络上常见的动画图片都是GIF格式的。

（二）矢量图

矢量图可以无限放大，不用担心失真。矢量图可以轻松地转化为位图，而位图转化为矢量图就需要通过图像临摹等方式，但很难完美地转成矢量图。矢量图的文件格式包括：Illustrator软件的AI、EPS、SVG格式，AutoCAD软件的DWG和DXF格式，Windows标准图元文件WMF格式和增强型图元文件EMF格式等。常用的矢量绘图软件有Illustrator、CorelDraw、AutoCAD等。

二、图像素材的处理

（一）图像素材的裁剪处理

为了满足不同的设计需求，可以通过裁剪方式对图像进行调整。

（1）将与内容无关的元素去掉。

（2）强调画面主体。如果主体不在画面中心，会致使整个画面缺乏重点，此时需要将主体移至画面中心或想要强调的位置，如图2-7所示。

主体不在中心，画面缺乏重点　　裁掉多余信息，主体变得更加突出

▲图2-7　强调画面主体

（3）提取画面细节。如果需要提取某一细节内容，可以通过裁剪方式获得细节图。例如，商品某个设计特点没有拍摄细节图，此时可以找到一张全图，截取出需要的设计细节。服装类商品经常会采用这种方法，如图2-8所示。

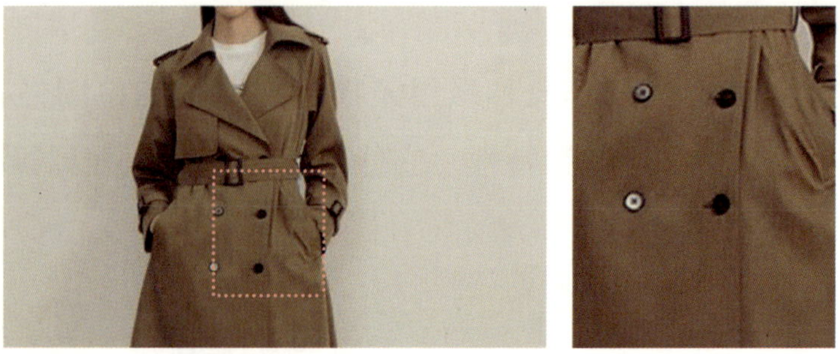

▲图2-8　提取画面细节

（4）调整画面的长宽比。如果遇到素材图的长宽比不合适时，可以通过裁剪方式调整画面的长宽比，有时还需要结合内容识别功能将画面缺少的部分补齐。

（二）图像素材的抠图处理

抠图是图像素材处理的基础之一，它可以分离图像中的特定部分，将其与其他图像或背景加以组合，创建新的视觉效果。

（1）抠图工具的选用。不同处理软件提供了不同的抠图工具，如魔术棒、快速选择工具、钢笔工具等。在进行抠图处理时，需要根据图像的复杂程度和需要抠出的区域形状选择合适的工具。

（2）注意细节。在抠图过程中需要注意细节。例如，发丝、羽毛等细小部分需要使用精细的抠图工具和技术进行处理。

（3）避免出现断层。在抠图过程中需要注意避免出现断层。例如，在抠取人像时，如果人体部位出现断层的情况，就会影响整体效果。

（4）图像边缘处理。抠图后，需要仔细检查抠出部分的图像边缘是否平滑，是否存在毛刺、锯齿等情况。

（5）色彩保持协调。如果抠出的图像区域与背景色存在明显差异，可以使用色彩调整工具（如曲线、色阶等）来减小差异，使抠出的图像更自然。

（三）图像素材的背景更换处理

在对图像的背景进行更换时，需要根据图像特性综合考虑，避免出现色彩不协调、边缘痕迹明显、背景干扰主体等情况。

（1）确保背景的适配性。更换背景时，需要考虑背景的颜色、纹理和明度等是否与主体图像相适配。如果背景与主体图像不匹配，将会影响整个图像的视觉效果。

（2）避免明显的边缘痕迹。更换背景时，为避免主体图像与新背景出现明显的边缘痕迹，大多会进行羽化边缘的处理，或者使用图像混合技术消除痕迹。

（3）减少背景的干扰元素。更换背景时，需要减少背景中的干扰元素，如背景中的杂物、噪点等。这些干扰元素会影响主体图像的视觉效果。

（四）图像素材的色彩调整处理

调整图像的色彩是图像处理的重要步骤。一般来说，通过调整图像的对比度、亮度、饱和度等方面，改变图像的色彩，实现不同的视觉效果。

（1）对比度处理。对比度调整可以提高图像的明暗对比和细节表现，使图像更加生动和富有表现力。在进行对比度处理时，需要考虑设计需求、图像特点和对比的协调性，逐步进行对比度调整，以达到最佳的效果。

（2）亮度处理。曝光调整可以增加或减少图像的亮度，从而改变图像的明暗程度。处理时需要逐步调整，避免出现过度曝光或曝光不足的情况。

（五）图像素材的放置处理

对于图像素材的放置，需要根据设计需要，分析图像内容的优先级。分析图像优先级时，要符合两个基本原则：① 是否对商品的销售有帮助。② 是否符合消费者需求。是否对商品销售有帮助是由商品特性决定的，关键是找到与商品的主要卖点关系紧密的图像。是否符合消费者需求，则需要站在消费者的角度去思考，他们最期待看到什么内容，什么内容最能吸引他们的目光。

经分析后会得到两种结果：两个图像的优先级不同或相同。如果优先级不同，则将优先级高的图像设计为大尺寸，将优先级低的图像设计为小尺寸；如果优先级相同，则可将它们放置在相同大小的图像框内，然后按照需要调整其细节。例如某款护肤水的成分展示图，核心成分的优先级最高，可将图像放至最大，其他成分的优先级相同，但次于核心成分，可将图像放大至同样大的图像框内进行有序组合，但要小于核心成分的图像，如图2-9所示。

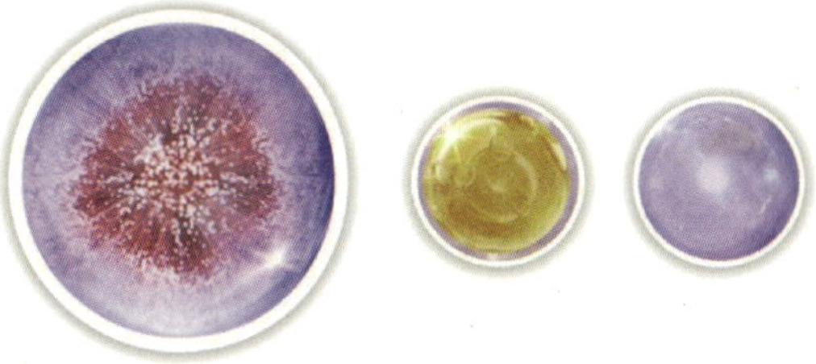

▲图2-9　图像素材的放置处理

博文约礼

图片版权

日常使用图片时，应注意图片的版权问题，否则可能构成侵权行为。如果想要使用他人的图片作品，应通过合法途径获得授权或许可，并注明出处和版权信息。为保护著作人的知识产权，我国出台了《中华人民共和国著作权法》等相关法律法规。

《中华人民共和国著作权法》规定：

有下列侵权行为的，应当根据情况，承担停止侵害、消除影响、赔礼道歉、赔偿损失等民事责任：

（1）未经著作权人许可，发表其作品的。

博文约礼

（2）未经合作作者许可，将与他人合作创作的作品当作自己单独创作的作品发表的。

（3）没有参加创作，为谋取个人名利，在他人作品上署名的。

（4）歪曲、篡改他人作品的。

（5）剽窃他人作品的。

（6）未经著作权人许可，以展览、摄制视听作品的方法使用作品，或者以改编、翻译、注释等方式使用作品的，本法另有规定的除外。

（7）使用他人作品，应当支付报酬而未支付的。

（8）未经视听作品、计算机软件、录音录像制品的著作权人、表演者或者录音录像制作者许可，出租其作品或者录音录像制品的原件或者复制件的，本法另有规定的除外。

（9）未经出版者许可，使用其出版的图书、期刊的版式设计的。

（10）未经表演者许可，从现场直播或者公开传送其现场表演，或者录制其表演的。

（11）其他侵犯著作权以及与著作权有关的权利的行为。

三、图形素材的应用

图形与颜色一样，可以表达一定的信息内容，所不同的是图形表达的内容更为直观、确切。图形使用得当会使作品如虎添翼，使用不当则有可能弱化信息传达，甚至造成信息扭曲，因此在日常设计中，合理使用图形素材是非常重要的。有些图形是通用的，如表示方向的箭头，有些图形的使用则是有特定范围的。在设计不同的页面或不同的图片时，无论选用哪种图形，都需要考虑消费者的心理及对信息的理解接受能力。

（一）点

点是可见的最小的形式单元，具有凝聚视线的作用，可以使画面布局显得合理舒适、灵动且富有冲击力。点的表现形式丰富多样，既包含圆点、方点、三角点等规则的点，也包含锯齿点、雨点、泥点、墨点等不规则的点。点既可以单独存在于画面之中，又可以组合成线或者面。

点的大小、形态、位置不同，所产生的视觉效果、心理作用也不相同。如图2-10所示的月亮即为点放大后形成的面，周围的星星以及孔明灯以点的形式装饰背景，突出中秋的主题。

（二）线

线是视觉设计中最常用的图形之一。如果文案冗长，可以使用直线将文案按不同内容进行有机分割，如图2-11所示。线不仅在版式上能起到分割的作用，其本身也具有一定的含义，在视觉形态中可以表示长度、宽度、位置、方向性等，具有刚柔并济、优美和简洁的特点，经常用于渲染画面，引导、串联或分割画面元素，如图2-12所示。线可分为水平线、垂直线、斜线、曲线。不同线的形态所表达的情感是不同的。直线可表达单纯、大气、明确、庄严；曲线可表达柔和流畅、优雅灵动；斜线具有很强的视觉冲击，可表达活力四射。

线的视觉特征与情感表达

▲图2-10　点的应用

▲图2-11　使用直线分割文案

▲图2-12　线的应用

（三）面

点的放大可为面，线分割后产生的各种比例的空间也是面。面有长度、宽度、方向、位置、摆放角度等特性。在页面中，面具有组合信息、平衡和丰富空间层次、烘托与深化主题的作用。面在设计中的表现形式一般分为两种，即几何形和自由形。几何形在网店设计中应用较多。

1. 几何形

几何形是有规律，易于被人们所识别、理解和记忆的图形。不同的几何形能带给人不同的感觉，如矩形给人稳重、厚实、规矩的感觉，网店中很多授权书使用的都是矩形；圆形给人充实、柔和、圆满的感觉，可用于商品主图的价格标签，也可用于商品详情页中的插图；正三角形给人坚实、稳定的感觉，在数码类和服装类商品中应用较多，可单独出现，也可组合出现，具有视觉吸引力；不规则几何形给人时尚、活力的感觉，通常使用星形传递打折、促销等信息。

若背景采用不规则几何形切割画面与商品进行配合，可以为画面营造前后层次感，避免画面背景过于单调，如图2–13所示。

2. 自由形

自由形比较洒脱、随意，可以营造淳朴、生动的视觉效果。自由形可以是表达个人情感的各种手绘形，也可以是有规律的曲线形成的各种图形。

▲图2–13　不规则几何元素的应用

任务实施

任务背景：

商品图片拍摄完成之后，一般都需要将其编辑美化，才能为后续的店铺首页、商品详情页以及广告图制作等提供合适的素材。苏苏是网店的视觉设计专员，对图片素材进行收集、分类整理之后，他需要选择合适的素材，并借助图片处理软件对图像及图形素材进行处理，以便更好地满足网店的设计要求（相关资料见Abook资源）。

任务要求：

1. 根据网店图片处理要求，分析图像素材存在的问题并进行处理。

2. 根据网店图片处理要求，选择合适的图形素材并进行内容设计。

任务分析：

图片在网店中起着至关重要的作用，一张好的图片可以让推广工作事半功倍。在拍摄、收集、整理素材工作完成之后，需要筛选合适的素材，并借助图片处理软件对不合适的地方进行修改和完善，如裁切、抠图处理、背景更换等。在图片设计过程中经常会使用简单的基础图形作为画面的纹理或点缀，如直线、矩形、三角形、星形等，使用它们时需要结合人群特点、商品特性等综合考虑。

任务操作：

任务操作1：根据网店图片处理要求，选择合适的图像素材，分析素材中的问题并进行处理，填写表2–3。

表2–3　图像素材处理

素材名称	素材问题	操作处理

素材名称	素材问题	操作处理

任务操作2：根据网店图片处理要求，选择合适的图形素材，并根据商品特点进行内容设计，填写表2-4。

表2-4　图形素材处理

素材名称	内容设计

任务评价

评价任务	评价标准	评价结果			
		优	良	中	差
图片素材处理	图像素材选择合理，处理准确，主次分明，能突出商品特色				
	图形元素选择合理，内容设计符合逻辑，能提升图片整体风格				

任务拓展

在化妆品图片的处理过程中，为了得到更加立体的效果，需要对图像素材进行分类、裁切、抠图等处理，还可合理选择图形素材丰富图片内容。请结合化妆品行业某企业的网店商品图片处理要求，对化妆品图像素材、图形素材进行处理，丰富图片样式（具体资料见Abook资源）。

任务三 视频素材剪辑

任务描述

对于网店来说，拍摄完成的视频只是一些零散的素材，不能直接上传，需要使用视频剪辑工具进行剪辑。对视频素材进行剪辑不仅能够打造视觉效果，还能够及时处理视频拍摄中的问题。好的视频内容不仅能吸引消费者，还能为店铺带来流量，从而提高转化率。

本任务的主要工作内容：

1. 了解视频剪辑相关术语。
2. 完成视频素材的镜头组接。
3. 完成视频素材转场、字幕、音频等内容的添加。

任务准备

为了让消费者在短时间内快速了解网店及商品信息，视频的时间不能过长。因此，在制作视频时需要通过后期剪辑去除前期拍摄素材中的一些内容，以突出重点，并通过适当添加转场、字幕、音频等效果让视频内容更加紧凑和充实。

一、视频剪辑相关术语

（一）视频分辨率

视频分辨率与图片分辨率类似，不同的视频分辨率会产生不同的效果。分辨率越大，画面的清晰度就越高，给人的视觉感受就越好。

（二）时长

时长是视频的时间长度，其基本单位是秒。通常，视频的时长显示格式为“时：分：秒”。

（三）帧

帧是视频的基础单位。视频是由一幅幅静态图像所组成的图像序列，通过连续播放序列中的静态图像，形成连续的动态视觉感受。其中，一幅静态图像就是一帧。

1. 关键帧

关键帧用于描述一段连续视频的关键图像。关键帧的提取是视频分析和剪辑的基础，将视频分割成镜头后，一般可以将每个镜头的首帧和末帧作为关键帧。

2. 帧率

帧率是指每秒钟传输的帧数，单位为fps。帧率越高，每秒钟显示的图片数量就越多，给人的视觉感受就越流畅。国内电视节目使用的帧率通常为25fps，电影使用的帧率通常为24fps。

（四）视频格式

视频格式由视频类型所决定，它决定了视频的播放平台。常见的视频格式有以下几种：

1. AVI格式

AVI（Audio Video Interleaved）格式即音频视频交错格式，是将声音和影像组合在一起的文件格式。它对视频采用有损压缩方式，压缩率比较高，画面质量稍差，但应用范围比较广泛。

2. MOV格式

MOV格式即QuickTime封装格式（也称作影片格式），是一种音频、视频文件封装格式，用于存储常用的数字音频和视频媒体信息。它具有较高的压缩率和较高的视频清晰度等，最大的特点是具有跨平台性。

3. MP4格式

MP4是一种常见的多媒体容器格式，可以在其中嵌入任何形式的数据，如在其中嵌入各种视频的编码、音频等。常见的大部分MP4文件存放的是AVC（H.264）编码视频和AAC编码音频。

二、镜头组接的要点

镜头组接就是将一个个镜头组合连接起来成为一个整体。不同镜头的组接称作画面转场。要想做到镜头组接流畅、合理，需要遵循以下几个要点：

（一）镜头协调统一

各镜头之间的组接要符合逻辑规律，各视频段落内的画面亮度和色彩影调应协调统一，画面的清晰度、情节内容等也应保持一致，否则会出现“接不上”的情况。

（二）动接动/静接静，动静过渡要缓冲

在视频剪辑中，对于不同的镜头和画面，应该根据其运动状态和静止状态来进行衔接，通常是运动镜头与运动镜头衔接，固定镜头与固定镜头衔接，以保证画面组接的连贯与流畅。如果是运动镜头衔接固定镜头或固定镜头衔接运动镜头，则需要使用缓冲因素进行过渡。缓冲因素可以是镜头的缓慢移动、缩放或旋转，也可以是一些过渡效果，如渐隐、渐显等。通过缓冲因素，可以使镜头间的转换更加自然、流畅。

（三）选好动作剪接点

在运动画面中，切忌前后镜头的画面动作重复。如果前一镜头中被摄主体在做某一动作，那么后一镜头中应展现被摄主体的动作变化过程，以保证被摄主体的动作连贯、变化自然。例如，前一镜头中被摄主体打开车门并下车，那么后一镜头中可以展示被摄主体关闭车门并离开。

（四）遵循轴线规律

在被摄主体的活动有多种方向时，镜头要由一条轴线来主导，以保证被摄主体方向和位置的统一。这里所说的轴线指的是被摄主体的视线方向、运动方向或根据不同被摄主体之间的位置关系所形成的一条假想的直线或曲线。在拍摄视频时，不管角度、运动多复杂，都要遵循这一规律，否则就会越轴。越轴很容易让观众产生空间错乱的感觉。例如，镜头左边的人在下一个镜头里还应该出现在镜头左边，镜头右边的人在下一个镜头里也应该出现在镜头右边。若想安排越轴镜头，应插入过渡镜头，如天空、树木、花草镜头等。

（五）避免三同镜头直接组接

在组合衔接同一被摄主体的镜头时，前后两个镜头在景别和视角上要有显著的变化，切忌三同镜头（同主体、同景别、同视角）直接组接，否则视频画面无明显变化，会出现令人反感的“跳帧”效果。

（六）控制镜头停留的时间长度

每个镜头停留时间的长短，首先要根据表达内容的难易程度、消费者的接受能力来决定，其次要考虑构图等因素。远景、中景镜头包含的内容较多，需要更长的时间来展示这些内容；而近景、特写镜头通常只包含一个或少量的主体，其展示的时间可以短一些。如果一个镜头的构图复杂，那么观众可能需要更多的时间来理解镜头中的内容，因此，对于构图复杂的镜头，停留时间应该相对较长。

三、添加转场的方法

在视频中，转场镜头非常重要。一个视频作品通常不可能“一镜到底”，而是由多段素材拼接而成的。如果在不同视频素材的衔接处不做处理，画面的切换就可能显得生硬和突兀。合理利用转场方法和技巧，既能满足观众的视觉心理，保证观众视觉的连贯性，又可以产生明确的段落变化和层次分明的效果。

（一）无技巧转场

无技巧转场即直接切换、镜头直接相连，在视频后期剪辑中使用较多。在使用无技巧转场时，多利用前后镜头在内容、造型上的内在关联来连接场景，使镜头连接自然，段落过渡流畅，无附加技巧痕迹。在视频创作中，无技巧转场主要包括以下八种：

1. 直切式转场

直切式转场是比较基本、简单的转场方式，常用于同一主体从一个场景移动到另一个场景的情况。虽然场景产生了变化，但因为它们有着共同的主体，所以不会产生突兀的感觉。

2. 运动转场

运动转场需要借助人、动物或交通工具作为场景或时空转换的手段。这种转场方式大多强调前后段落的内在关联性，可以通过摄像机运动来完成场景的转换，也可以通过前后镜头中人物、交通工具等动作的相似性来转换场景。

3. 相似关联物转场

如果前后镜头具有相同或相似的被摄主体形象，或者其中的被摄主体形状相近、位置重合，在运动方向、速度、色彩等方面具有相似性，就可以采用这种转场方式来达到视觉连续、转场顺畅的目的。例如，前一个镜头是果农在果园里采摘苹果，后一个镜头可以是挑选苹果的特写。巧妙运用前后镜头中的相似关联物转场，可减少观众的视觉变动元素，符合观众逐步感知事物的规律。

4. 利用特写转场

通常来说，无论前一个镜头是什么，后一个镜头都可以是特写镜头。特写镜头具有强调画面细节的特点，可以集中观众的注意力。利用特写转场可以在一定程度上弱化时空或段落转换过程中观众的视觉跳动。

5. 空镜头转场

空镜头转场就是利用景物镜头来过渡，实现间隔转场。景物镜头主要包括两类：一类是以景为主、物为陪衬的镜头，如群山、山村全景、田野、天空等镜头，用这类镜头转场既可以展示不同的地理环境、景物风貌，又能表现时间和季节变化。景物镜头可以弥补叙述性视频在情绪表达上的不足，为情绪表达提供空间，同时能使高潮情绪得以缓和、平息，从而转入下一段落。另一类是以物为主、以景为陪衬的镜头，如在镜头中飞驰而过的火车、道路上的汽车，以及室内陈设、建筑雕塑等各种静物镜头。

6. 主观镜头转场

主观镜头是指与画面中人物视觉方向相同的镜头。利用主观镜头转场，就是按照前后镜头间的逻辑关系来处理镜头转换问题。例如，前一个镜头中人物抬头凝望，后一个镜头是其所看到的场景；又如，前一个镜头是即将退役的网球运动员看到衣柜上的比赛获奖照片，后一个镜头则切换到网球运动员在网球场上比赛的场景。

7. 声音转场

声音转场是指用音乐、音响、解说词、对白等与画面的配合实现转场。例如，利用解说词承上启下、贯穿前后镜头，利用声音过渡的和谐性自然转换到下一个镜头。

8. 遮挡镜头转场

遮挡镜头是指镜头被某个形象暂时挡住。依据遮挡方式的不同，遮挡镜头转场可以分为两类情形：一类是被摄主体迎面而来遮挡摄像机镜头，形成暂时的黑色画面。例如，前一个镜头在甲处的被摄主体迎面而来遮挡摄像机镜头，下一个镜头被摄主体背朝摄像机镜头而去，已到达乙处。被摄主体遮挡摄像机镜头通常能够给观众较强的视觉冲击，同时制造视觉悬念，加快视频的叙事节奏。另一类是画面内的前景暂时挡住画面内的其他形象，成为覆盖画面的唯一形象。例如，拍摄街道时，前景闪过的汽车会在某一时刻挡住其他形象。当画面形象被遮挡时，一般都是镜头切换点，通常是为了表示时间、地点的变化。

（二）技巧转场

技巧转场是一种分割方式的镜头转换，包括渐隐、渐显、叠入、叠出、划入、划出、甩切、虚实互换、定格、多屏画面等转场方式。这类转场主要是通过设计某种效果来实现的，具有明显的过渡痕迹。在短视频创作中，技巧转场主要有以下七种：

1. 渐隐、渐显

渐隐、渐显又称淡出、淡入。渐隐是指画面由正常逐渐暗淡，直到完全消失；渐显是指画面从全黑中逐渐显露，直到完全清晰明亮。

2. 叠入、叠出

叠入、叠出又称化入、化出，由前一个镜头的结束与后一个镜头的开始叠在一起，镜头由清楚到重叠模糊再到清楚，两个镜头的连接相互融合渐变，给观众以连贯的流畅感。

3. 划入、划出

划入、划出是指前一个镜头从某一方向退出，后一个镜头从另一方向进入。

4. 甩切

甩切是一种快闪转换镜头，让观众视线跟随快速闪动的画面转移到另一个画面中。在甩切时，画面中呈现出模糊不清的流线，并立即切换到另一个画面，这种转场方式会给观众一种不稳定感。

5. 虚实互换

虚实互换是指利用对焦点的选择，使画面中的人物发生清晰与模糊的前后交替变化，形成人物前实后虚或前虚后实的互衬效果，使观众的注意力集中到焦点清晰而突出的形象上，从而实现镜头的转换。虚实互换也可以使整个画面由实变虚或由虚变实。前者一般用于段落结束，后者一般用于段落开始。

6. 定格

定格又称静帧，就是对前一个镜头的结尾画面做静态处理，使观众产生瞬间的视觉停顿。定格具有强调的作用，是视频创作中常用的一种特殊的转场方法。

7. 多屏画面

多屏画面是指把一个屏幕分为多个画面，可以使双重或多重的视频同时播放，大大地压缩了视频的时长。例如，在打电话的场景中，将屏幕一分为二，电话两边的人都显示在屏幕上；打完电话后，只留下接电话人的镜头。

四、字幕添加与音频选择的原则

（一）字幕添加的原则

字幕泛指在视频后期加工制作过程中添加的文字形式的非影像内容，如介绍画面中人物或角色的文字、显示人物或角色对话内容的文字、商品的使用说明等。通常，电视节目、电影作品的字幕一般出现在画面底部。在视频作品中，字幕出现的位置更加多样化，字幕可以根据表现的内容出现在不同的位置。

字幕可以对画面内容起到强调、提示、补充或说明等作用。合理地运用字幕可以增加画面的信息量，促进观众对画面内容的理解。此外，字幕作为画面中的艺术元素，本身也是形象直观的视觉符号，在画面中适时、适度地出现字幕，还能对画面起到一定的点缀作用。字幕的添加通常具有以下原则：

1. 准确性原则

准确性是指字幕要准确，不能出现错别字、病句、误用标点符号等错误。

2. 一致性原则

一致性主要是指字幕的呈现方式在整个作品中要保持一致，这对观众理解作品至关重要。例如，说明背景信息的文字统一使用一种字体格式，说明商品使用方法的文字统一使用另一种字体格式。

3. 清晰性原则

字幕在呈现上要从字体、字号、字间距等多方面考虑，要确保文字在背景中清晰、醒目，同时也要符合大多数人的阅读习惯。例如，商品的介绍、商品的适用场景等内容大多都是需要以清晰的字幕来呈现的。

4. 可读性原则

字幕需要观众主动阅读，所以要尽量与画面同步，同时不能遮盖画面的重要内容，字幕不能一闪而过，要给观众留出阅读、理解和记忆的时间，具备可读性。

5. 同等性原则

同等性是指字幕应完整地传达作品的内容和意图，与视频画面完美契合。

（二）音频选择的原则

好的音乐、配音及逼真的音效能让整个作品呈现出别具一格的效果。选择与视频内容相搭配的音频，容易带动观众的情绪，实现视频的价值。音频的选择通常具有以下原则：

1. 掌握视频的情感基调

根据视频的主题及整体的情感基调，筛选出与视频中的人物、事物、情节等相匹配的音频。例如，如果作品的主题是呈现壮丽的风景，那么可以选用大气磅礴的配乐；如果作品的主题是呈现日常生活的幸福一刻，那么可以选用轻快的配乐。

2. 注意视频的整体节奏

大部分视频作品的节奏和情绪都是由音乐带动的。因此在筛选音乐时要考虑视频的画面节奏，根据整体的感觉寻找合适的音乐。总体来说，画面和音乐节奏匹配度越高的作品越容易引起观众的情感共鸣。

3. 音频不要喧宾夺主

为作品搭配音频时，不能喧宾夺主。最好选用纯音乐，如果选用有人声演唱的歌曲，那么其歌词应该与画面契合，能够在烘托意境或情绪的同时，不会让观众的注意力从画面转移到歌曲上去。

4. 根据场景选择音效

逼真的音效能增强观众的代入感。针对不同的视频场景，需要添加不同的音效。例如，针对展示茶叶冲泡过程的画面，可以添加烧水声和倒水声等音效，给观众以身临其境的感受，提升观看体验。

任务实施

任务背景：

商品视频拍摄完成之后，苏苏发现拍摄的视频素材存在一些问题，需要进行剪辑优化。例如，有的需要对视频镜头进行组接，有的需要添加转场，有的需要添加字幕说明、背景音乐等。对此，他需要借助视频剪辑工具，对视频素材进行处理（相关资料见Abook资源）。

任务要求：

1. 根据网店视频处理要求，选择合适的视频素材，对视频镜头进行组接。

2. 根据网店视频处理要求，选择合适的转场方法，为视频素材添加转场。

3. 根据网店视频处理要求，为视频素材选择合适的字幕与音频，并进行添加。

任务分析：

商品视频需要符合网店视频的上传要求，所以视频拍摄完成之后需要进行剪辑处理，让最终拍摄的画面感更强，展现的效果更好。目前，很多视频处理工具都能较好地完成视频处理工作，剪辑视频需要根据一定的流程进行操作，可以根据商品特点，把握镜头组接要点，为视频素材选择合适的转场方法。另外，字幕和音频是视频中非常重要的元素，合理选择并添加它们可以让视频锦上添花。

任务操作：

任务操作1：根据网店视频处理要求，选择合适的视频素材，并根据素材特点，把握镜头组接要点，完成镜头组接，填写表2-5。

表2-5　视频镜头组接

素材名称	镜头组接要点	剪接点

任务操作2：根据网店视频处理要求，为视频素材选择合适的转场方法并进行添加，填写表2-6。

表2-6　添加转场

素材名称	转场方法	添加位置

任务操作3：根据网店视频处理要求，选择合适的字幕与音频内容并进行添加，填写表2-7。

表2-7 添加字幕与音频

操作名称	添加内容	添加位置
添加字幕		
添加背景音乐		

任务评价

评价任务	评价标准	评价结果			
		优	良	中	差
视频素材剪辑	正确把握镜头组接要点，镜头组接流畅、合理				
	合理选择转场方法，转场自然、连贯、层次分明				
	准确添加字幕与音频，内容合理，视频效果丰富				

任务拓展

行业和商品特点不同，对网店商品视频的剪辑要求就不同，需要使用的剪辑软件也就不同。请结合化妆品行业商品视频的剪辑方法，完成化妆品行业某企业的商品视频剪辑（具体资料见Abook资源）。

同步测评

一、单项选择题

1. 品牌宣传类文案的创作重点是（　　）。

   A. 体现商品特点、功能　　B. 对商品内容进行全面体现

   C. 突出消费者不购买商品的后果　　D. 展示品牌形象，突出品牌文化

2. 下列关于图像裁剪说法错误的是（　　）。

   A. 可以去掉与内容无关的元素　　B. 主体必须位于画面中心

   C. 可以通过裁剪提取画面细节　　D. 可以调整画面的长宽比

3. （　　）是对商品卖点的展开和内容扩充，将卖点详细、扼要地描述出来。

   A. 九宫格思考法　　B. 三段式写作法

   C. 要点延伸法　　D. 倒金字塔结构

4. （　　）是一种快闪转换镜头，让观众视线跟随快速闪动的画面转移到另一个画面中。

   A. 划入、划出　　B. 虚实互换

   C. 定格　　D. 甩切

5. 在视频中，（　　）可以对画面内容起到强调、提示、补充或说明等作用。

   A. 字幕　　B. 音频

   C. 转场　　D. 镜头

二、多项选择题

1. 以下属于技巧转场的有（　　）。

   A. 渐隐、渐显　　B. 叠入、叠出

   C. 多屏画面　　D. 遮挡镜头

2. 常见的图片格式包括（　　）。

   A. JPEG格式　　B. PSD格式

   C. GIF格式　　D. PNG格式

3. 关于镜头组接要点，以下说法正确的有（　　）。

   A. 镜头协调统一　　B. 遵循轴线规律

   C. 选好动作剪接点　　D. 三同镜头可直接组接

4. 在图形素材中，以下属于几何形的有（　　）。

   A. 自由形　　B. 正方形

   C. 三角形　　D. 长方形

5. 关于文案素材的制作要点，以下说法正确的有（　　）。

A. 低价商品，强调价值　　B. 高价商品，强调价值

C. 巧妙对比，凸显细节和专业性　　D. 彰显定位，增强消费信心

三、判断题

1. 点具有凝聚视线的作用，可以使画面布局显得合理舒适、灵动且富有冲击力。（　　）

2. 时长是视频的时间长度，其基本单位是帧。通常，视频的时长显示格式为“时：分：秒”。（　　）

3. 为确保背景的适配性，在更换商品图像背景时，需要使用与图像主体色彩相似或一致的背景。（　　）

4. 促销类文案主要是通过打折、买赠、限时抢购等促销手段引导消费者购买。（　　）

5. 为了让用户快速了解网店及商品信息，视频的时长要尽可能地长一些。（　　）

四、技能操作题

任务背景：

拍摄完成商品图片之后，一般都需要将其编辑美化，才能为后续的店铺首页、商品详情页及广告图制作等提供合适的素材。千千是某网店的视觉设计专员，对图片素材进行收集并完成分类整理之后，她需要选择合适的素材，借助图片处理软件，对图片素材进行处理，以便更好地满足网店的设计要求（相关资料见Abook资源）。

任务要求：

1. 根据网店商品图片处理要求，对图像素材进行处理。
2. 根据网店商品图片处理要求，对图形素材进行处理。

3

项目三

首页视觉设计与制作

学习目标

知识目标

- 了解网店首页的作用
- 了解店标的展现形式
- 了解店招的布局方式
- 熟悉网店首页的常见模块
- 熟悉轮播海报的内容规划
- 掌握网店首页的布局形式
- 掌握店标的设计原则
- 掌握店招的设计要点
- 掌握轮播海报的设计要点

技能目标

- 能够根据网店及商品定位，结合网店首页布局形式，确定首页模块，完成首页布局
- 能够根据网店及商品定位，结合店标的设计原则，确定店标的展现形式，完成店标的设计与制作
- 能够根据网店及商品定位，结合店招的设计要点，确定店招的布局方式，完成店招的设计与制作
- 能够根据网店的运营策略，结合轮播海报的设计要点，完成轮播海报的设计与制作

素养目标

- 恪守法治精神，树立版权意识
- 培养以消费者为中心的设计理念
- 弘扬积极探索精神

学习导图

网店首页布局

网店首页的作用
网店首页的常见模块
网店首页的布局形式

→ **店标设计与制作**

店标的展现形式
店标的设计原则

→ **店招设计与制作**

店招的布局方式
店招的设计要点

→ **轮播海报设计与制作**

轮播海报的内容规划
轮播海报的设计要点

案例导入

××店铺官方旗舰店极简风首页

在××店铺电脑端官方旗舰店的首页中，店招和轮播海报展示了其品牌系列商品的信息。店招采用较为简洁的布局方式，分别将店铺名称、店标、店铺标语进行了展示，通过留白设计，迎合店铺简洁明了的视觉设计风格。

在首页设计上，该店铺具有三个设计特色：① 配色简洁，符合品牌极简风格，与商品包装风格相呼应，给消费者传递自然协调的视觉体验；② 重点突出，轮播海报推荐主打商品，通过极简风格的海报设计突出主

▲图3-1　电脑端首页活动信息展示

打商品系列卖点；③ 布局合理，商品系列分布合理，带给消费者优越的视觉感受，布局与页面简约而不简单。

首页展示了活动信息并介绍了“好礼臻献　满额悦享”活动（见图3-1），活动板块条理清晰，内容一目了然，页面设计突出活动规则与亮点，能够起到提升店铺转化率、增加店铺销售额的作用。

该店铺的移动端首页风格与电脑端类似，均选择了极简风格。店铺对自身品牌定位清晰，在移动端店铺首页重点塑造品牌优势，与品牌整体视觉设计风格相呼应，向消费者传递专业的品牌理念，同时结合活动内容介绍，传达活动相关信息。通过有效的色彩搭配、恰当的构图方法、精练的文案表达，营造具有感染力和影响力的移动端店铺首页。

任务一 网店首页布局

任务描述

网店首页布局的主要目的是通过展示店铺形象，推荐主打商品和近期营销活动等，激发消费者的购物兴趣，使消费者在短时间内建立起对店铺的信任，增加在店铺的停留时间，进而提高商品的转化率。网店首页相当于实体店的门面，在进行商品展示时要提前规划好相应的板块，确定要展示哪些内容以及具体的展示形式。

本任务的主要工作内容：

1. 了解网店首页的作用。
2. 选择网店首页模块。
3. 完成网店首页的布局规划。

任务准备

一、网店首页的作用

网店的流量大部分是通过商品详情页进入的。单一页面留住消费者的能力比较弱，容易导致店铺跳失率过高。想要更好地留住消费者，卖家需要展示更多的商品、营销活动等相关信息，进而促进流量的转化。对此，可以将整个店铺布局成一个流量的循环：由商品详情页、首页、商品分类页组成一个封闭的环。让消费者在这个环里无障碍地跳转，以减少店铺跳失率，增加店铺成交额。首页就是汇集、导出流量的一个很好的载体。

随着获取流量成本的提高，合理的首页布局可以改善消费者的购物体验，进而提升点击率、页面停留时长、页面访问深度等相关数据。网店首页对于网店的作用主要体现在如下几个方面：

（一）增加消费者信任感

精心设计的首页能让消费者在浏览店铺时感受到美，即便长时间停留，也不会造成视觉疲劳，在挑选商品时也会更加仔细，在不知不觉中会提升消费者对店铺的信任度，而且商品的价值也得到了很好的体现。

（二）传递品牌形象

网店的品牌形象是通过网店的整体视觉传递给消费者的，而网店首页是消费者对网店形成第一印象的重要区域，也是消费者在整个店铺中访问量较高的页面。通过店铺首页，能将店铺风格、品牌形象、经营理念和人文关怀等信息准确地传递给消费者，提升网店形象，有利于网店品牌的传播。

（三）传达店铺活动信息

网店中销售的商品类目与数量繁多，当消费者进入店铺时，并不是每件商品都拥有与消费者在第一时间产生“接触”的机会。通过网店的视觉设计，卖家可以将主打商品或促销折扣商品展示在首页的醒目位置，传达店铺活动信息，这是提升销量的一种方式。

图3-2所示的店铺首页通过第一屏区域把店铺的“限时8折优惠”促销活动信息直观地传达给消费者，加以合适的文案描述，引起消费者的情感共鸣。

▲图3-2　传达店铺活动信息

（四）增加网店吸引力

消费者首次进入网店首页，对店内销售的商品并不了解，对商品的质量无法评定，但是首页精心的布局与设计可以让消费者在店铺中获得温暖、有趣、可爱、科技等感知，也可使消费者对店铺甚至店铺中的商品产生好感。首页的设计不一定要多么有设计感，但一定要符合店铺和商品的定位，能给消费者提供良好的体验。

（五）店铺流量的中转站

店铺的首页流量相对较大，消费者在进入首页后开始浏览店铺，统一的店铺设计和商品展示会刺激消费者的再次点击。在首页布局时需要对流量进行合理疏导，帮助消费者快速找到目标商品，让店铺主推商品获得更多的流量。

如图3-3所示，首页中的活动入口、分类导航、优惠福利等都是疏导流量的方式，可以对商品归类展示，使模块之间衔接得当，还可以有效地降低整个店铺的跳失率。另外，可以添加客服、优惠

▲图3-3　店铺流量的中转站

券等模块，使商品展示不突兀、不僵硬。

二、网店首页的常见模块

（一）电脑端首页的常见模块

网店首页展示的内容主要包括店铺形象、品牌风格、商品推荐、促销活动及重要信息等，相当于店铺分流和导流的交通枢纽。一般来说，网店首页由页头、内页和页尾三个部分构成，如图3-4所示。

页头由店招和导航条两个模块构成。店招的主要作用是展示店铺形象和商品定位；导航条是通道最集中的模块，提供了通往不同商品分类和页面的入口。

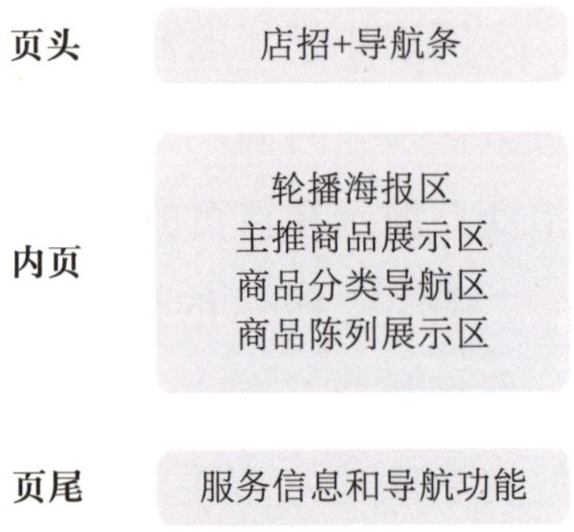

▲图3-4　电脑端网店首页构成

页尾一般提供服务信息和导航功能两个方面的内容。服务信息包括售后保障服务、客服联系方式等；导航功能包括商品分类、返回按钮、收藏店铺等。这样便可以首尾呼应，在页面中打造更多的入口。

内页主要划分为以下几个区域：

1. 轮播海报区

轮播海报区是网店首页视觉设计的重中之重，由于其占据面积较大，承载的内容较多，因此是消费者眼睛最有可能先关注到的区域，如图3-5所示。电脑端轮播海报区一般会采用图片轮播的形式，通过横屏进行展示，既节约首页的空间，又可以利用多张海报图片宣传更多的主推商品和促销活动。

▲图3-5　电脑端首页轮播海报区

在营销界有一个“七秒定律”，即消费者会在7秒内决定是否有购买商品的意愿。根据这条定律衍生出了网店视觉设计的“一屏论”，即消费者在不滚动页面的前提下可观看的浏览面积，设计首页时应该让消费者在第一屏就能看完最重要的信息。

店招、导航条和轮播海报区三个模块共同构成了首页的第一屏，正所谓一张好图胜过千言万语，店招和轮播海报是首页中最能体现品牌形象和店铺实力的模块，尤其是轮播海报，不但可以让消费者迅速了解店铺的商品定位，还可以激发消费者的点击兴趣。

2. 主推商品展示区

店铺视觉设计中有“黄金三屏”的说法，即把店铺中最想让消费者了解的信息和主推商品安排在前三屏。消费者在前三屏的点击次数明显高于后面的页面。其中，第二屏的信息通常被用来向消费者推荐店铺的主推商品或热销商品。

店铺通常会将商品划分为爆款商品、引流款商品和利润款商品，设计主推商品展示区时要注意区分商品的主次，利用视觉动线、颜色和尺寸的变化等视觉手段尽量将流量引导到爆款商品和利润款商品上，如图3-6所示。

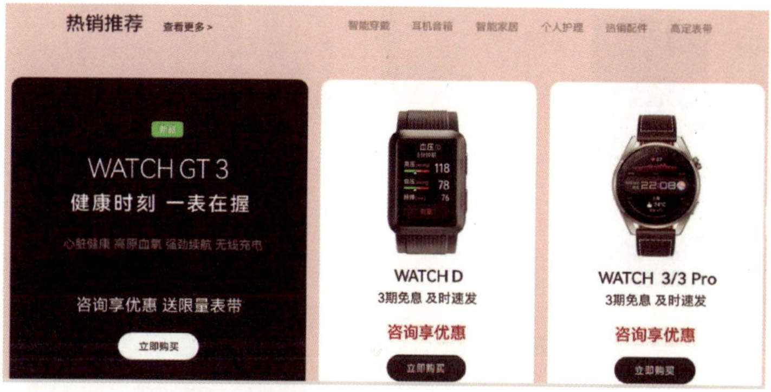

▲图3-6 电脑端首页主推商品展示区

3. 商品分类导航区

商品分类导航区适合设置在主推商品展示区的下面，这样不但可以让消费者在注意力开始下降时发现新入口，也可以让错过页头导航条的消费者更加方便、精确地找到所需的商品。

在设计商品分类导航区时不仅要考虑分流作用，还需要特别注意它的导流功能，除了利用图文混合形式增加页面的美观度，还要将新品区、促销区等分类安排在靠前的位置或者制作成大图的形式，如图3-7所示。

▲图3-7 电脑端首页商品分类导航区

4. 商品陈列展示区

商品陈列展示区的作用是按照商品的种类、款式、上架时间等分类展示店铺中的商品，如图3-8所示。该区域内不要罗列太多的商品，浏览到此区域，消费者的注意力和兴趣点有所降低，将商品图片设计成拼图的形式或者在分类之间穿插几张美观的海报可以重新引起消费者的兴趣。

商品陈列展示区的设计与应用

（二）移动端首页的常见模块

与电脑端网店首页相比，移动端首页的内容更加集中，需要通过添加具有视觉吸引力的各种模块来吸引消费者点击。移动端首页的常见模块包括轮播海报、分类导航、新品推荐、优惠活动、热卖商品、页尾等基本模块，如图3-9所示。每个模块都有固定的作用，布局时可以使用不同的模块进行组合。下面以某电商平台移动端为例，介绍移动端网店首页的常见模块。

为了提高消费者的购物体验，移动端网店多采用简单、直接的设计方式，即在移动端网

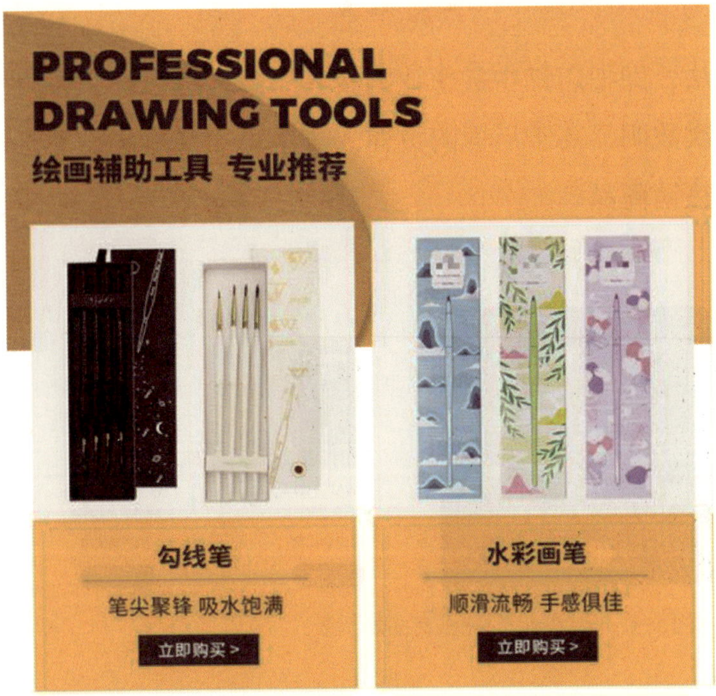

▲图3-8 电脑端首页商品陈列展示区

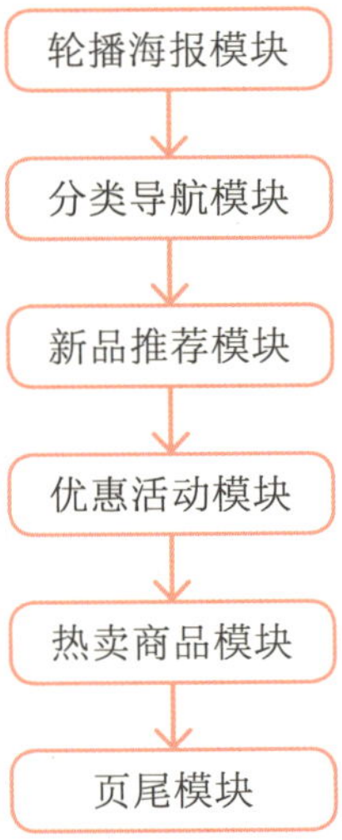

▲图3-9 移动端首页常见模块

店首页布局时，把功能放在第一位，把视觉效果放在第二位。首页中尽量不出现功能重复的模块，并且精简掉无关紧要的图片，必须要使用的模块和图片也尽量使用图片轮播或拼图的方式。

1. 轮播海报模块

移动端轮播海报通过竖屏的形式进行展示，消费者进入首页就能看到精美的轮播海报，既符合网络消费者的浏览习惯，也能实现通过首页展示店铺整体形象的功能。例如，可以采用店铺宣传海报+促销活动海报+主推商品海报的组合进行轮播展示。

2. 分类导航模块

如果电脑端和移动端网店销售的商品种类不同，那么固定的商品分类导航区就不适合移动端消费者的需求。在这种情况下，就需要针对移动端消费者的特性和需求，创建自定义的分类导航模块，这样不仅能够提升移动端消费者的购物体验，还能提高网店的转化率。

3. 新品推荐模块

对于有些网店来说，店铺很大比例的销售额都是由老客户贡献的，所以在进行首页视觉设计的时候要特别考虑这一因素。对于这类店铺来说，由于老客户居多，所以新上架商品的吸引力要大于推荐商品和热销商品，因此可以将新品推荐模块设置在比较靠前的位置。

4. 优惠活动模块

如果网店设置有优惠券、代金券、店铺红包等活动，尽可能地将这些模块放置在首页中。例如，将优惠活动模块设置在新品推荐模块和热卖商品模块之间，使消费者从视觉上直观地区分不同的模块，如图3-10所示。

5. 热卖商品模块

移动端的消费者普遍不喜欢浏览太长的页面，所以热卖商品模块不要推荐太多的商品，建议放置两三款有爆品潜力的商品大图，其余商品用小图的方式作为陪衬，这样既可以突出爆品，又能够节约空间，如图3-11所示。

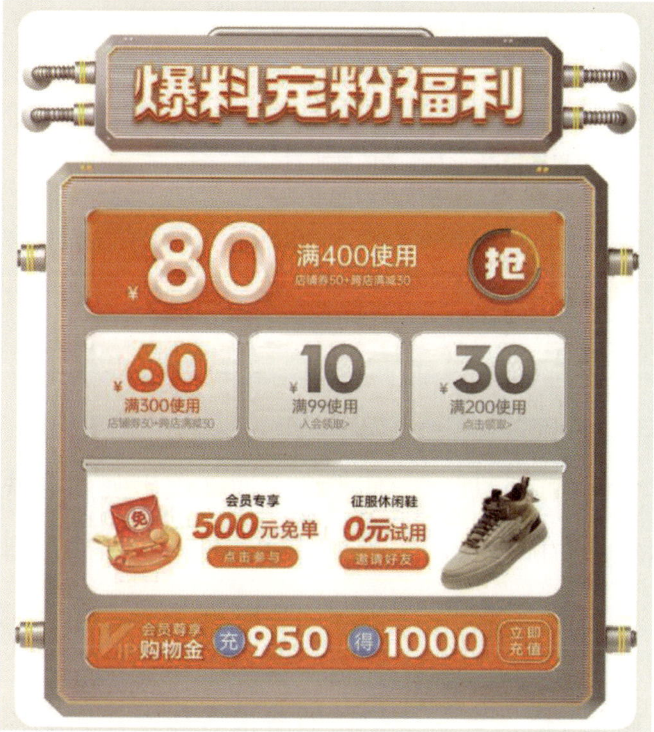

▲图3-10 移动端首页优惠活动模块

▲图3-11 移动端首页热卖商品模块

6. 页尾模块

页尾的内容不能忽视，能将页面浏览到底部的消费者很可能对某款商品产生了一定的兴趣，正在寻找更多的购买理由，页尾模块中的公告和保障承诺可以在一定程度上促使消费者下单。

三、网店首页的布局形式

（一）电脑端首页布局形式

网店的页面布局是可以根据店铺风格进行变化的，不同的布局会给消费者不同的印象，会凸显出不同的主次关系。电脑端首页有以下几种常用的布局形式：

1. 展示形象型布局

展示形象型布局（见图3-12）是将店招和导航条设计为宽幅效果，将轮播海报区设计为标准的尺寸大小，以此来迎合下方的信息内容。应用这样的布局要注意背景的设计，尽量使用纯色或浅色底纹的图片，避免喧宾夺主。

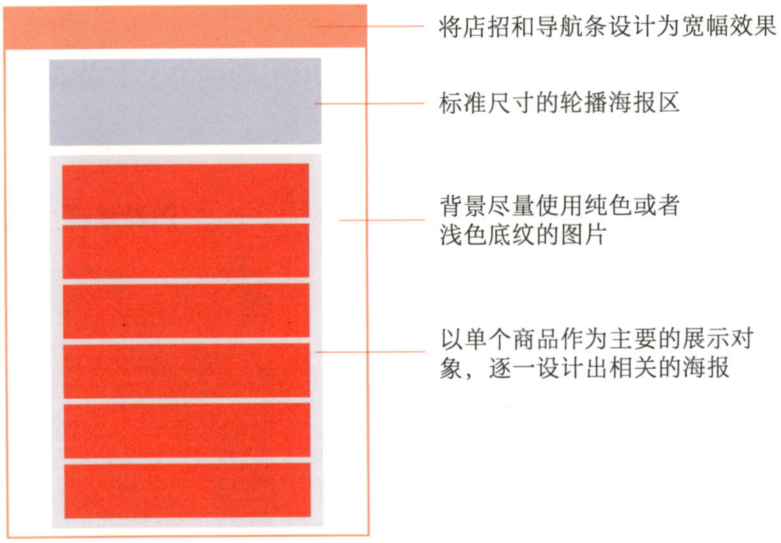

▲图3-12　展示形象型布局

网店首页下方使用大小相同的海报来对单个商品进行展示，使整个页面体现出强烈的秩序感，能够将各个商品的展示进行平衡，但缺点是所能呈现的信息量有限，且较为单一，因此要注意对整体色彩和风格的把握。

2. 清晰分组型布局

清晰分组型的网店首页布局（见图3-13）将店招、导航条和轮播海报区都设计为宽幅效果，可以扩展消费者的视野，给人广阔的感觉。

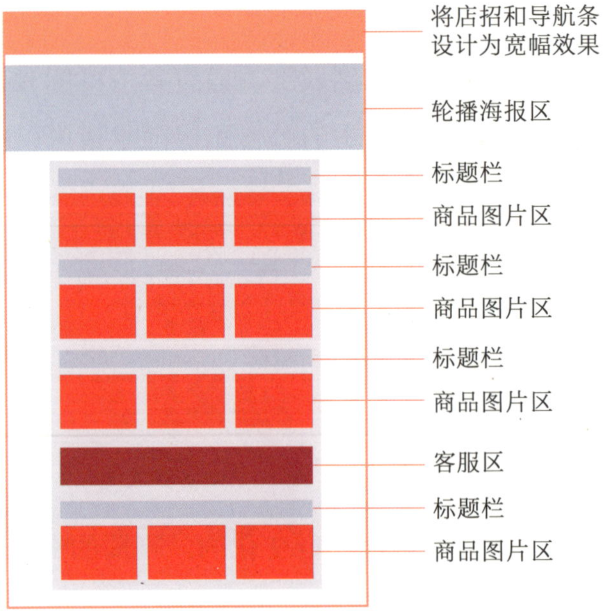

▲图3-13　清晰分组型布局

在网店首页的其他区域中，通过使用标题栏对每组不同类型的商品进行分组，给人一种整齐利落的感觉，并且可以简单、正确地表达相关的商品信息，使整个页面显得具有条理。在分组中适当添加客服区，给客户以提示作用，但是不能影响整体的布局。适当地运用留白和分割，让整个页面给人一种视觉上的舒适感，表现出清晰的分组效果。

3. 视觉集中型布局

视觉集中型的网店首页布局（见图3-14）使用九宫格方式对商品图片进行展示，将众多的商品一次性、等尺寸地展示在消费者面前，有效地表现出各个商品的形象，使消费者在短时间内对画面形成一个整体，把注意力集中到画面上。

除此之外，这种布局形式通过标题栏来使商品的信息分类更加清晰，并且通过海报精致地展示出具有代表性的商品，有画龙点睛的作用。

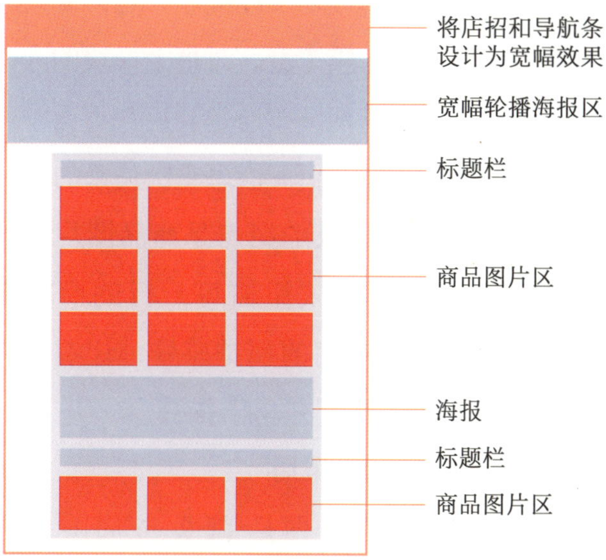

▲图3-14　视觉集中型布局

4. 注重搭配型布局

注重搭配型的网店首页布局（见图3-15）将店招、导航条和轮播海报区都设计为宽幅效果。值得注意的是，该布局形式中没有标题栏，而是将相关的商品进行有创意的、合理的搭配，组合在一个区域中，形成一个完整的效果。这样的设计对店铺中商品的种类要求较高。

此外，这种布局形式在首页中还添加了活动展示区和客服区，并把两个创意搭配区分隔开，这样的页面和内容设计让网店中的信息更具节奏感，使每组信息都能很好地展示出来，不会增加消费者的阅读负担。

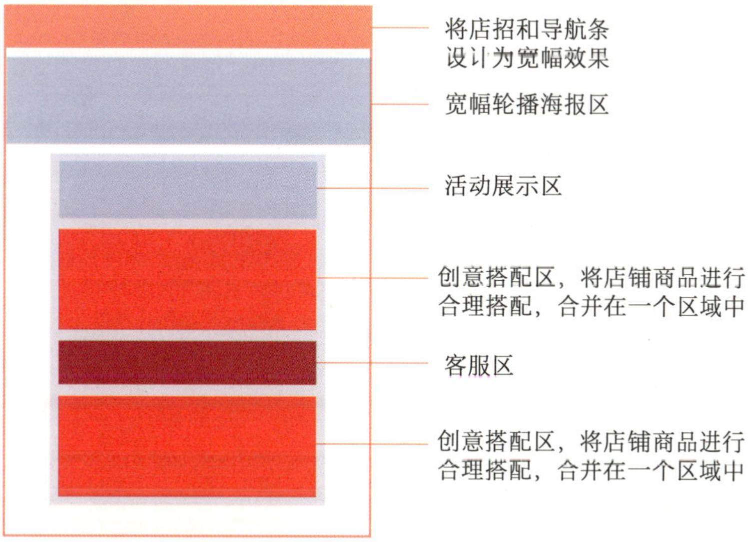

▲图3-15　注重搭配型布局

5. 信息丰富型布局

信息丰富型的网店首页布局（见图3-16）包含店招、导航条、轮播海报区、优惠券、海报、标题栏、商品图片区和客服区，将首页中能够放置的信息合理地整理到了一起，使整个首页的信息展示比较丰富。对每个模块的大小进行观察，可以发现该布局是利用在页面中占据面积的大小来营造页面信息主次关系的。

该布局形式最大的亮点是商品图片区的设计，利用递增方式添加每一行的商品数量，表现出一种稳定的视觉感受，让消费者感受到商品的丰富，并易于接受。

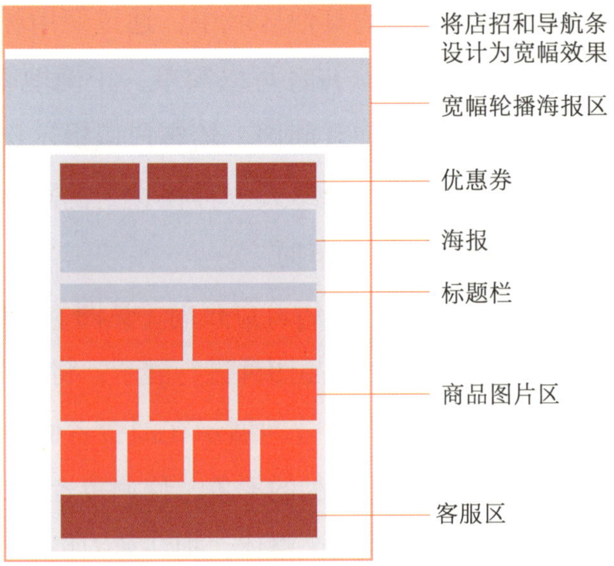

▲图3-16　信息丰富型布局

6. 页面对称型布局

页面对称型的网店首页布局（见图3-17）将页面进行纵向分割，形成左右对称的效果，体现出一种稳定的氛围。这样的布局在运用的过程中要特别注意图片的色彩搭配和信息分布，尽量让整个页面和谐、统一，避免形成轻重不一的视觉效果。

为了避免页面呆板，在设计中可以适当地添加修饰元素，丰富页面内容，避免完全对称而给人一种单一的感觉。

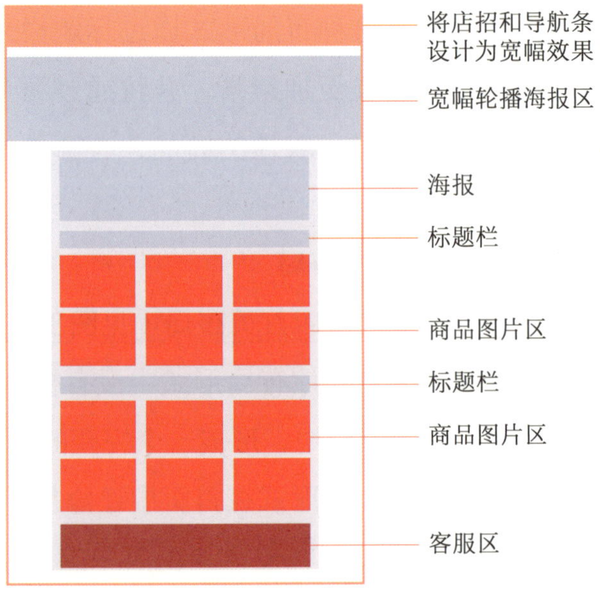

▲图3-17　页面对称型布局

7. 金字塔型布局

在金字塔型的网店首页布局中，第一层呈现的是海报，通常用来展示广告商品；第二层呈现的是推荐商品区；第三层呈现的是商品活动区。通过由上到下逐层增加模块数量的方式打造出类似金字塔的布局效果，如图3-18所示。

金字塔型布局想要体现出和谐、统一的感觉，可以从页面的背景和修饰元素上多下工夫，自然而然地形成陈列商品的主次。

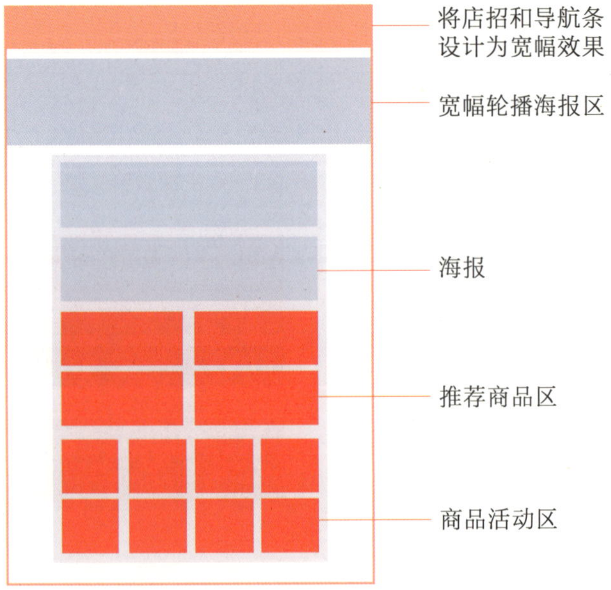

▲图3-18　金字塔型布局

（二）移动端首页布局形式

随着移动互联网的不断发展，移动端网店的视觉设计逐渐成为热点。相比于电脑端网店，移动端网店呈现的内容较少，消费者浏览时间较短，场景比较多样化，所以移动端网店首页有着强大的分流作用，其布局的好与坏直接决定着网店流量的流转是否健康。在设计移动端网店视觉效果之前，需要对其布局形式进行构思。移动端网店卖家通常分为三类：头部卖家、腰部卖家、尾部卖家。针对不同类型的卖家，移动网店首页布局应有所不同。以下为移动端网店首页常见的三种布局方式。

1. 头部卖家：聚流型布局

头部卖家拥有较多的流量，平台会给予他们较大的支持和保障，因此，这类卖家在设计页面时通常会选择聚流型布局，以便集中优势资源，打造爆款商品，扩大品牌影响力。

聚流型布局通常是选择将流量集中到某款商品上，如当季新品、主推商品等，以便打造店铺的爆款商品，在短时间内提升店铺的影响力，如图3-19所示。在店铺优化过程中需要将店铺流量进行合理分配，将流量的转化率做到最大化。

设计此类页面时，需要将爆款商品的宣传海报放在重点位置，营造出热销的气氛。在爆品的宣传页面下，可以加入一些其他商品的宣传，但是要控制数量，不要喧宾夺主。

▲图3-19 聚流型布局

2. 腰部卖家：分流型布局

腰部卖家通常已经有了一定的品牌知名度和店铺流量，但是他们仍处于起步阶段，与头部卖家相比，竞争能力一般。因此，该类店铺会避其锋芒，减少用于宣传的资源，他们最重要的任务是将流量均匀地引流给店铺中的各类商品，尽量确保销售均衡，避免出现某类商品卖断货而其他商品无人问津等情况。在设计页面时，腰部卖家通常会选择分流型布局设计。该类页面布局重点在于通过明确的分类，指引消费者进入购物场景。这样设计的优点是强化购物场景，唤醒购买欲望，促进加购。另外，可以设置爆款商品推荐信息，进行个性化推荐，让消费者优先选择。

在设计页面时，卖家需要将重要的商品放在右侧，以便符合大多数消费者的移动端操作习惯，如图3-20所示。

3. 尾部卖家：发散型布局

尾部卖家的店铺流量较小，商品可能也不多。此类卖家在设计页面时通常会采取发散型布局设计，将为数不多的商品通通拿出来，给消费者营造一种品类丰富的感觉。此类布局在操作上较为简单，很符合移动端的界面特点，如图3-21所示。

▲图3-20　分流型布局

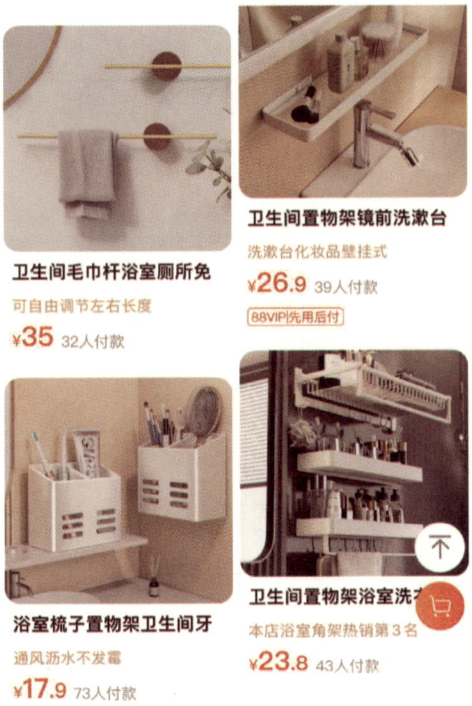

▲图3-21　发散型布局

任务实施

任务背景：

网店视觉风格已经基本确定，接下来需要对具体的页面进行设计与制作。首页是网店的门面，合理的布局能够在展示品牌定位、店铺形象的同时，形成一定的视觉引导效果。在进行网店首页设计时，考虑网店正处于初创阶段，且有实体工厂货源优势，运营部希望通过丰富的商品款式、较大的活动力度来为店铺及商品引流。对此，于杨决定继续对选定的三家网店的首页布局进行分析，并结合自身网店运营策略，确定网店首页模块并完成布局规划（相关资料见Abook资源）。

任务要求：

1. 分析三家网店的首页所采用的模块。

2. 根据自身网店的运营策略，选择网店首页模块并完成布局规划。

任务分析：

网店首页一般分为页头、内页、页尾三部分，主要由店招、导航条、轮播海报区、主推商品展示区、商品分类导航区、商品陈列展示区、服务信息和导航功能等模块组成。首页模块的运用会直接影响店铺的整体视觉效果和销售情况。因此，在选择具体模块时，需要考虑消费者的浏览习惯，以增加页面访问深度，形成店铺视觉闭环，提高转化率。在进行首页布局时，首先可以对同类优秀店铺的首页布局进行分析、学习；其次要根据网店的运营策略选择模块；最后明确各模块所处的位置，完成框架布局。

任务操作：

任务操作1：对三家网店的首页布局进行分析，从上至下分析其所采用的模块，填写表3-1。

表3-1　网店首页模块分析

序号	模块名称		
	网店1：	**网店2：**	**网店3：**

任务操作2：综合分析结果，结合自身网店的运营策略，从上至下选择网店首页模块并完成布局规划，填写表3-2。

表3-2　网店首页模块布局

序号	模块类别/名称

任务评价

评价任务	评价标准	评价结果			
		优	良	中	差
网店首页布局	准确分析选定网店首页所采用的模块				
	合理选择自身网店首页模块				
	合理规划自身网店首页布局				

任务拓展

不同行业的网店首页布局不同，请结合化妆品行业的网店定位、商品定位及消费者视觉习惯，选择合适的首页模块，完成化妆品网店首页的布局（具体资料见Abook资源）。

任务二 店标设计与制作

任务描述

店标作为网店最具标志性的元素，方便消费者形成品牌烙印。精美的店标可以在第一时间吸引消费者进入店铺，专业、规范的店标还可以为商品加分，增加消费者对商品的信任度，延长消费者在店铺停留的时间，提高消费者购买商品的概率。

本任务的主要工作内容：

1. 选择店标的展现形式。
2. 完成店标的设计与制作。

任务准备

店标即店铺Logo，是识别店铺的标志，它的功能不仅是突出显示店铺名称和装饰店铺，更可以通过造型简单和意义明确的视觉符号，将网店的经营理念、品牌文化、经营内容、店铺规模和商品特性等要素传递给消费者。店标承载着网店的无形资产，是网店综合信息传递的媒介，也是网店形象传递过程中应用较广泛、出现频率较高且非常关键的元素。因此，店标设计在整个视觉识别系统中具有重要的意义。

一、店标的展现形式

（一）具象图形店标

具象图形店标通常以具体的图形来表现品牌名称或商品属性，如图3-22所示。具象图形店标在品牌设计中比较常见，具体的形象可以表达特定的含义，具有易识别、易记忆、便于语言传达的优点。相较于文字，图形表达的含义更为直观，也更具有感染力。

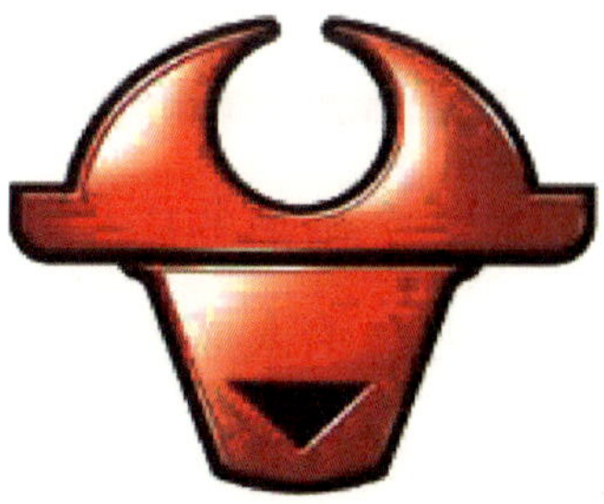

▲图3-22　具象图形店标

（二）抽象图形店标

在店标设计过程中，如果具象表现能力受限或者象征的范围狭窄，不能很好地表现网店的品牌价值和文化理念，则可以选择具有象征意义的抽象图形来表达。抽象图形店标能够带来广阔感和自由感，留给人们丰富的想象余地，有利于丰富店标的艺术表现力。对于一些无法用具象图形来表达的数码类网店，运用符号性强的可视形象会比运用具象形象更能反映网店的特征。抽象图形店标造型夸张、极富象征性，运用点、线、面等简单的几何图形就能够直接或者间接地表达网店或者商品的内涵和文化背景。

（三）文字店标

文字店标是品牌设计中比较常见的一种，具有很强的识别性，如图3-23所示。文字店标不仅是网店文化信息的载体，还是网店视觉形象识别的特殊符号。文字店标一般是在某些现有的字体上进行打散、重组、扭曲等变化，进行字体的再设计。

文字店标主要由文字和拼音字母等元素构成，可以是品牌名称的首字母或者是体现品牌精髓的文字，适用于多种传播方式，在品牌店铺中应用很广泛。文字店标的表达方式直截了当，既便于消费者识别，又适合多种传播方式，国内外很多知名企业和品牌都喜欢采用这种类型的标志。文字店标主要分为四种形式：第一种是由汉字或英文单独构成；第二种是中英文混合或中文与拼音混合；第三种是对文字或字母进行变形处理；第四种是对网店名字的首字母进行组合或变形。

▲图3-23　文字店标

（四）图文结合型店标

图文结合型店标以具象或抽象的图形，结合品牌名称制作而成。这种设计结合了图形店标及文字店标的优点，图文并茂、形象生动，如图3-24所示。

▲图3-24　图文结合型店标

二、店标的设计原则

店标是一种直接表达的视觉语言，能够产生瞬间效应。店标设计不仅仅是一般的图案设计，更重要的是体现店铺的精神、商品的特征，甚至店铺的经营理念等，要传达明确的信息，给消费者留下美好的、独特的印象。

一个出色的店标除了要传达明确的信息，还要在方寸之间表现出深刻的精神内涵和艺术感染力，给人以静谧、柔和、饱满、和谐的感觉。当前的店标设计趋于信息化、视觉化、现代化，卖家对店标设计的要求越来越高，优秀的店标设计主要遵循以下设计原则。

（一）时代性

品牌形象如果不能在数秒内让消费者记住，那么广告或标志的设计就可能是失败的。近几年，店标设计越发简约，因为店标不仅要时尚和耐看，还要容易被人记住，这是卖家和设计师必须考虑的品牌形象特质。面对社会的迅速发展、市场竞争形势的激烈，店标必须具有鲜明的时代特征。各类网店，特别是开店时间较长的网店有必要对现有标志形象进行自查和改进，在保留原有形象的基础上，采用清新、简洁、易记的设计形式进行优化。通常，店标需要在一定的周期内更新一次，它代表着店铺求新求变、勇于创造、追求卓越的精神，可以避免网店日渐僵化、陈腐过时的形象。

（二）引领性

店标设计是网店视觉传达要素的核心，也是网店开展信息传达的主导力量。店标的领导地位是网店经营理念和经营活动的集中表现，贯穿和应用于网店的所有相关活动中，不仅具有权威性，而且还是其他视觉要素的核心，其他视觉要素都以店标为中心，构成整体而展开。

（三）艺术性

店标设计选择的题材和形式丰富多彩，如中外文文字、具象图形、抽象符号、几何图形等，因此店标的形式千变万化。但店标的造型设计必须符合消费者的审美，因为消费者在观察店标的同时，也是一个审美的过程。因此，店标设计不仅要形象，还要具有一定视觉冲击力，符合美学原理。

（四）统一性

店标形象设计需与店铺的经营理念、文化特色、店铺规模、经营内容和特点等相统一，因而是店铺形象的具体象征。消费者对于店标的认同等于对店铺的认同，只有店铺的经营内容或店铺的实态与外部象征——店标相一致时，才有可能获得消费者的一致认同。

（五）延展性

店标是应用最为广泛、出现频率最高的视觉传达要素，需在各种传播媒体上广泛应用。其标志图形要针对印刷方式、制作工艺技术、材料质地和应用项目的不同，采用多种对应性和延展性的变体设计，以产生切合、适宜的效果与表现。

（六）系统性

店标设计一旦确定，随之就应展开标志的品质精准化作业。其目的是对标志未来的应用进行规划，实施系统化、规范化、标准化的科学管理。此外，当视觉结构走向多样化时，可以用强有力的标志来统一各关联店铺，采用同一标志不同色彩、同一外形不同图案或同一标志图案不同结构等方式，来强化关联店铺的系统化。

（七）识别性

识别性是店标设计的基本功能，独具个性的标志可以增加店铺及其商品的识别力。店标既代表一个品牌，也是一种艺术体现。所以店标的制作是一种艺术创作，需要设计者从生活中、店铺规划中捕捉创作灵感。店标是用来表达店铺的独特性质的，要让消费者清楚店铺的独特品质、风格和情感。因此，店标在设计上除了要讲究艺术性，还需要讲究个性化，让店标与众不同、别出心裁。

设计个性化店标的根本是要设计出可视性强的视觉形象，要善于使用夸张、重复、抽象和寓意等手法。经过整体规划和设计的店标视觉形象，具有独特的个性和强烈的冲击力，易于识别、便于记忆。

任务实施

任务背景：

网店主营时尚女装，秉承让每一位女性消费者穿出时尚、穿出自信，演绎美丽人生的经营理念。女装市场竞争激烈，为了更好地向消费者传递品牌及商品信息，通过风格独特的标识刺激消费者对店铺产生深刻的印象，首页布局完成之后，运营部开始构思店标的设计与制作。于杨决定继续对选定的三家店铺的店标进行分析，并结合店铺的经营理念和商品定位完成店标的设计与制作（相关资料见Abook资源）。

任务要求：

1. 对三家网店的店标设计进行分析。
2. 根据店铺的经营理念和商品定位明确店标的设计思路。
3. 根据店标的设计规范完成店标的设计与制作。

任务分析：

店标的设计要追求图形简洁、形象明朗、引人注目，而且要易于识别、理解和记忆。同时要讲究点、线、面等设计要素的搭配，视觉色彩及文字的应用，符合美学和视觉营销原理。在设计的时候，可以先通过搜索同行业优秀的店标寻找灵感，再结合店铺的经营理念和商品定位确定店标的类型：具象图形店标、抽象图形店标、文字店标、图文结合型店标。根据确定的店标类型设计文字、图形等内容。有了基本的雏形后，再去调整配色、字体、角度等，进一步优化到满意为止。

任务操作：

任务操作1：从展现形式、设计元素、色彩搭配、文字应用角度对三家网店的店标设计进行分析，填写表3-3。

表3-3　三家网店店标设计分析

店标分析项目	网店名称		
	网店1：	网店2：	网店3：
展现形式			
设计元素			
色彩搭配			

店标分析项目	网店名称		
	网店1:	网店2:	网店3:
文字应用			

任务操作2：综合分析结果，结合店铺的经营理念和商品定位明确店标的设计思路，完成店标的设计与制作，填写表3-4。

表3-4　店标设计思路分析

设计内容	设计思路
展现形式	
设计元素	
色彩搭配	
文字应用	
尺寸规格	
格式要求	

任务评价

评价任务	评价标准	评价结果			
		优	良	中	差
店标设计与制作	店标设计符合尺寸及格式要求				
	店标设计具有创意和美感，具有视觉冲击力				
	店标设计符合商品定位，能准确传达经营理念				

任务拓展

结合化妆品行业某企业的经营理念和商品定位，明确店标的设计思路，根据店标的设计规范完成店标设计与制作（具体资料见Abook资源）。

任务三 店招设计与制作

任务描述

店招主要用于展示店铺名称，传达品牌形象和商品定位，宣传优惠活动，包括图案、文字等多种元素。好的店招可以让消费者在第一时间记住店铺的名字，起到宣传和推广店铺的作用，方便消费者快速搜索到店铺。

本任务的主要工作内容：

1. 选择合适的店招布局方式。
2. 完成店招的设计与制作。

任务准备

店招是消费者进入店铺后第一眼就能看到的模块，通常位于网店首页的顶端，占据店铺中最好的形象展示位，也是最优质的广告位。对网店来说，店招非常重要，它是店铺商品和品牌的象征、企业文化内涵的浓缩，是整个店铺整体风格的体现。因此，店招要凸显重要信息，方便消费者查看，还要注重店铺商品的推广，给消费者留下深刻印象。

店招设计需遵循两个基本原则：一是植入品牌形象，二是抓住商品定位。品牌形象可以通过店铺名称、品牌标识进行展示。商品定位则是展示店铺卖的是什么商品，其表现形式最好是实物照片和文字介绍，精准的商品定位可以快速吸引目标消费群体进入店铺。

一、店招的布局方式

利用店招进行信息传达是店铺视觉设计的重要内容之一，店招的视觉表现主要包含店招风格、店招背景、店标、收藏和关注图标、优惠券、活动公告、关键字搜索等。

（一）电脑端店招的布局方式

店招是店铺中曝光量最大的板块之一，好的店招能起到传达店铺的经营理念，突出店铺的经营风格，彰显店铺形象的作用。如何将店铺的优惠信息、活动内容、促销款式、收藏、关注等内容通过不同的方式展现到店招中，是店招布局设计中的难点。下面将介绍常见的几种店招布局方式。

1. **品牌推广式布局**

品牌推广式布局是将品牌宣传信息在店招中进行展示，通过店招来推广店铺所要打造的品牌。在店招中添加店铺名称、店标、品牌宣传语、收藏按钮、搜索框等，内容不需要过多，将品牌信息凸显出来即可。

2. **促销活动式布局**

按照消费者平时的阅读习惯，视觉焦点首先会落在画面的左上角，促销活动式布局除了展示店名、店标、店铺或品牌的广告语，还会添加促销信息或活动商品，使店铺的优惠信息体现在店招中。但需要注意的是，不能使店招中的信息过于杂乱，影响店铺的整体美观。

3. **商品推广式布局**

商品推广式布局一般是店铺用来对商品进行引流时所采用的，选择消费者比较感兴趣的商品进行展示，进而提升商品的点击率，降低首页的跳失率。在这种布局方式下，店招通常包含店铺名称、店标、宣传语、主推商品和商品促销信息等，如图3-25所示。

▲图3-25 商品推广式布局

（二）移动端店招的布局方式

移动端店招设计应注重品牌形象的树立，与电脑端店招不同，移动端店招无法承载太多的信息，在视觉效果的表达上会有所限制，不过这也使得移动端店招形成了自己独有的特色，版面比较精致，视觉元素较少。

设计移动端店招时，底图可以选择一张背景图片，搭配简洁的文字描述，并控制好图片与文字色彩的对比度，让消费者可以清晰地阅读文字。简短的文案能将店铺想要传达的信息进行高度概括，同时还迎合了喜爱快速阅读的消费群体的习惯。移动端店招常见的布局方式如图3-26所示。

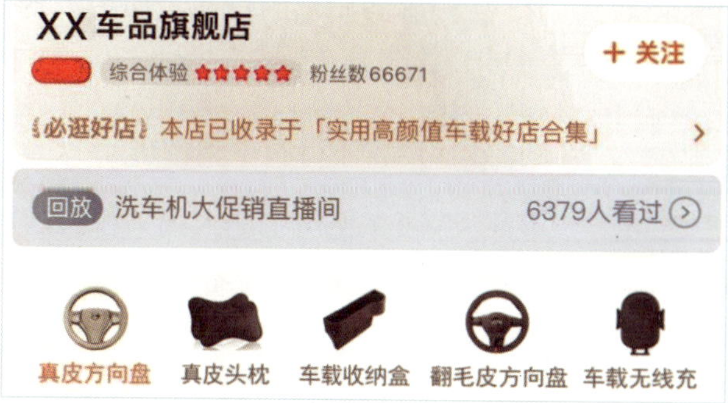

▲图3-26 移动端店招常见的布局方式

二、店招的设计要点

（一）凸显品牌的特性

任何情况下都不能弱化店招的指示和识别功能，要把店铺名称和店标放在店招最显眼的位置，让消费者第一时间就清楚店铺销售的商品类型、品牌和商品定位。

（二）视觉重点不宜过多

除了店铺名称和店标，店招中还可以添加主推商品、品牌形象代言、品牌宣传语、促销活动、收藏按钮等，但是店招中同时使用的元素尽可能控制在两种或三种为宜，因为足够的留白空间有利于打造视觉重点，让设计发挥最大的效能。

（三）颜色保持整洁性

店招的颜色需要保持整洁性，数量尽量不超过两种，颜色越简单，越容易营造品牌的大气和简约感。对于不同颜色的店招，会对消费者形成不同的视觉冲击效果，选择好店招的颜色对店铺的运营也有很大的帮助。另外，为了避免视觉干扰，店招图像尽量使用中性色或网店的底色，同时尽量不要添加图像背景。

博文约礼

规范广告宣传

在店招设计过程中，卖家需要规范宣传文案，通过真实、合法的方式进行店铺或商品宣传，不得有欺骗和误导消费者的信息，避免违反广告法规定，保护消费者的合法权益。

《中华人民共和国广告法》规定：广告内容应当有利于人民的身心健康，促进商品和服务质量的提高，保护消费者的合法权益，遵守社会公德和职业道德，维护国家的尊严和利益。

广告不得有下列情形：

（1）使用中华人民共和国国旗、国徽、国歌。

（2）使用国家机关和国家机关工作人员的名义。

（3）使用国家级、最高级、最佳等用语。

（4）妨碍社会安定和危害人身、财产安全，损害社会公共利益。

（5）妨碍社会公共秩序和违背社会良好风尚。

（6）含有淫秽、迷信、恐怖、暴力、丑恶的内容。

（7）含有民族、种族、宗教、性别歧视的内容。

（8）妨碍环境和自然资源保护。

博文约礼

（9）法律、行政法规规定禁止的其他情形。

广告中表明推销商品、提供服务附带赠送礼品的，应当标明赠送的品种和数量。

广告使用数据、统计资料、调查结果、文摘、引用语，应当真实、准确，并表明出处。

广告中涉及专利产品或者专利方法的，应当标明专利号和专利种类。未取得专利权的，不得在广告中谎称取得专利权。禁止使用未授予专利权的专利申请和已经终止、撤销、无效的专利做广告。

广告不得贬低其他生产经营者的商品或者服务。

任务实施

任务背景：

某服饰企业拥有集设计、生产于一体的女装品牌，品牌宣传语为“精品女装，引领时尚”，多次获得服装设计类大奖，深受广大女性消费者的喜爱。为了提升网店的品牌形象，用有限的空间传递更多的有效信息，激发消费者的购买欲望，增加消费者对品牌的信任，店标制作完成之后，还需要设计与制作店招。对此，于杨选择了三家市面上比较优秀的同类店铺，分析其店招设计，并结合店铺的经营理念、品牌及商品定位完成店招的设计与制作（相关资料见Abook资源）。

任务要求：

1. 对三家网店的店招设计进行分析。
2. 根据店铺的经营理念、品牌及商品定位明确店招的设计思路。
3. 根据店招的设计规范完成店招的设计与制作。

任务分析：

店招是网店视觉设计中的重要环节，清晰展示店铺名称是店招的首要功能，还可以在店招中展示诸如店标、品牌宣传语、促销商品、优惠信息、活动信息等内容。在进行店招设计时，需要结合店铺的经营理念、品牌及商品定位，通过点、线、面等设计元素和文字、图片等将上述内容展示出来，也可以根据需要添加关注按钮、搜索框、网店公告和联系方式等其他内容。

任务操作：

任务操作1：从展现形式、展现内容、色彩搭配角度对三家网店的店招设计进行分析，填写表3-5。

表3-5　三家网店店招设计分析

店招分析项目	网店名称		
	网店1：	网店2：	网店3：
展现形式			
展现内容			
色彩搭配			

任务操作2：综合分析结果，结合店铺的经营理念、品牌及商品定位明确店招的设计思路，完成店招的设计与制作，填写表3-6。

表3-6　店招设计思路分析

设计内容	设计思路
展现形式	
展现内容	
色彩搭配	
布局结构	
尺寸规格	
格式要求	

任务评价

评价任务	评价标准	评价结果			
		优	良	中	差
店招设计与制作	店招设计符合尺寸及格式要求				
	店招设计能体现店铺的特色及主营商品，准确传达经营理念				
	店招设计布局合理，主题突出，有一定的营销导向				

任务拓展

结合化妆品行业某网店的经营理念和商品定位，明确店招的设计思路，根据店招的设计要点完成店招设计与制作（具体资料见Abook资源）。

任务四 轮播海报设计与制作

任务描述

轮播海报一般位于店招与导航条下方，占据的面积比较大，是消费者进入店铺首页看到的最醒目的区域。卖家不仅可以通过轮播海报缩短页面的长度，还可以重点强调主推商品，起到促销的作用。要使轮播海报达到美观和吸引消费者注意的效果，就要对每张海报的主题、构图和布局等视觉要点进行综合考虑和合理设计，将网店中的促销活动、商品推荐等内容通过轮播海报的形式进行合理充分的展示。

本任务的主要工作内容：

1. 规划轮播海报区的展示内容。
2. 完成轮播海报的设计与制作。

任务准备

轮播海报区作为首页中最重要的视觉焦点，不仅能给消费者带来视觉上的美好感受，还可以有效提升店铺的整体视觉效果，加深消费者对店铺的印象。

一、轮播海报的内容规划

对轮播海报进行合理的内容规划可以有效提升海报的美观度，所谓的内容规划就是确定轮播海报视觉要素的表现形式和组合方式等，使海报的画面达到美观和稳定的视觉效果。轮播海报的内容规划包括构成要素、标签设计以及布局的注意事项三个方面。

（一）轮播海报的构成要素

背景、文案和商品信息是轮播海报设计的三要素，排版布局就是调整这些视觉要素的表现形式和组合方式，使海报画面达到美观和协调的视觉效果。

1. 背景

制作轮播海报时需要根据商品和活动来选择合适的背景。背景分为纯色背景、生活背景及室外背景等。

（1）纯色背景。纯色背景只有一种颜色，没有其他任何图案。以纯色作为轮播海报背景，在颜色搭配上比较容易，并且能给消费者留下比较深刻的浏览印象，图3-27所示为纯色背景轮播海报。

（2）生活背景。对于一些商品，单纯展示会显得单调乏味，很难打动消费者。使用生活背景的轮播海报能够营造真实感和生活情调，使商品的展示显得不再单调。比如，在轮播海报中单独展示一张床，消费者看了很难想象床摆放在家里会是什么效果，难以决定下单购买。如果给床添加一个卧室的场景进行展示，消费者就会自然而然地联想到这款床摆放在自己家里的效果，从而方便消费者对商品进行选择，图3-28所示为生活背景轮播海报。

▲图3-27　纯色背景轮播海报

▲图3-28　生活背景轮播海报

（3）室外背景。服装类商品除了常用纯色背景，也常使用室外背景，如人流较少的街道、咖啡厅，公园、建筑物等都可以作为商品的背景，图3-29所示为室外背景轮播海报。

▲图3-29　室外背景轮播海报

2. 文案

轮播海报文案主要包括主标题、副标题和附加说明内容，有时还会在文案中添加商品卖点和促销信息等。在设计轮播海报时，需把握好文案的主次关系，适量留白，让消费者在浏览的过程中能够轻易地抓住画面信息的重点，提高阅读体验。

3. 商品信息

轮播海报中需要突出商品特色、商品价格等信息，也可以突出商品优惠力度，还可以介绍商品材质或成分等，将这些信息置于轮播海报画面的主要视觉部位，或者加以烘托处理，使消费者在接触画面的瞬间立即感受到商品的独特性，引起消费者的视觉兴趣，达到刺激消费者购买欲望的目的。

（二）轮播海报的标签设计

1. 引导标签

在消费者的认知经验中，箭头具有引导性，按钮则是用来点击的，因此当眼睛接收到箭头或按钮这一信息后，大脑便会无意识地发出跟随或点击的指令，这可以说是一种习惯，也是一种潜意识的表现。根据人们的这种习惯，在促销轮播海报中添加明确的箭头或按钮，会对消费者产生不可忽视的心理暗示作用。如图3–30所示，点击按钮与箭头起到了引导的作用，促使消费者进行点击操作。

通常，消费者的浏览习惯是从左到右、从上至下的，因此引导标签可以放在图片的右下角。这样，当消费者将促销图片中的内容浏览完毕之后，他们的目光会顺势落在有明确箭头或点击按钮的标签上，便可能会受到引导标签的影响与暗示，情不自禁地进行点击操作。

2. 限制提示

通过轮播海报设计，能够营造出热闹的促销气氛，影响消费者的下单速度。其中，添加限制提示就是一种常见手法，可以通过添加时间、活动等限制提示营造紧张感。

（三）轮播海报布局的注意事项

1. 不杂乱，细节做点缀

首页轮播海报的主体商品或文字篇幅不能太多，否则会造成信息冗余，也会造成画面杂乱，影响店铺整体的视觉美观度。在细节上，轮播海报要做到前后呼应，但是不能为此而强行添加无关的、多余的元素。图3–31所示为杂乱的轮播海报。

▲图3–30　添加引导标签的轮播海报

▲图3–31　杂乱的轮播海报

2. 元素排列有序，分清主次

轮播海报的主题一般在背景、商品和文案中进行体现，而这些元素往往是杂乱无章的，需要对其进行有条理的分类整理、精简提炼，突出主要信息。同时，轮播海报布局要分清主次，背景不能比主体突出，促销信息应该醒目。

3. 适当留白

消费者在浏览了多个店铺首页后，眼睛往往会在不同的颜色和结构切换中感到疲劳，因此店铺首页的海报设计可以适当留白，以减轻消费者的视觉负担。例如，在海报周围留出一些空白的空间，给消费者简单舒适的视觉体验，从而对店铺产生良好的印象。图3–32所示为满屏海报和留白海报的对比效果。

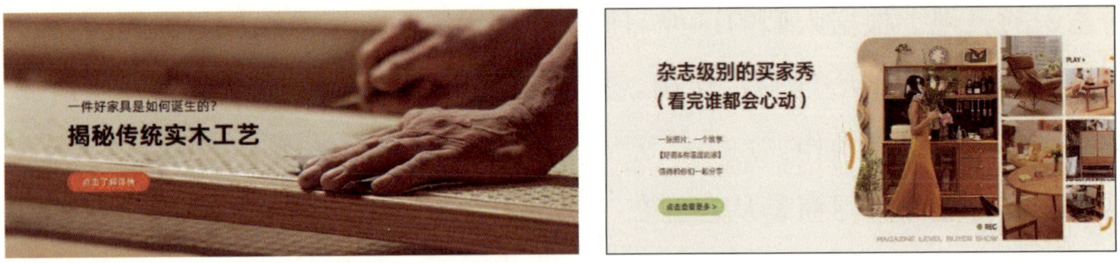

▲图3-32　满屏海报和留白海报的对比效果

二、轮播海报的设计要点

轮播海报在设计时要符合品牌定位，色彩应用需以网店主色和辅色为主，并考虑色彩、版式、字体、形式感等综合因素来营造视觉效应。其画面不但要具有较强的视觉冲击力，还要突出主要信息，做到文字精练、通俗易懂，以吸引消费者点击海报，深入了解活动或商品信息。

（一）主题明确

设计轮播海报时，首先要根据推广目的确定主题。推广目的不同，轮播海报的表现形式也就不同。例如，活动宣传类海报要重点突出文案的内容，背景和图片只起衬托的作用。商品分类海报和单品宣传海报需要重点突出和展示商品，背景和文案的内容不能喧宾夺主。

（二）风格统一

轮播海报的设计必须符合网店的整体视觉风格，网店视觉设计的所有元素都要服务于页面的整体视觉风格，配色和字体也要遵守视觉识别规范，避免出现不同类型的视觉元素。以服装类店铺为例，如果店铺商品的定位是可爱少女风，那么轮播海报中的模特、色彩、道具、字体都要与风格定位相吻合。

（三）品牌优势明显

企业作为品牌的拥有者，可以为推广自己旗下的品牌采取一些营销手段，如明星代言、策划营销活动等。店铺可以借助企业的品牌宣传，推出适合店铺自身的宣传活动和优惠措施。这些活动和措施都属于优势，所以在轮播海报中应直观展现这些优势。最直接的展现形式就是将明星作为品牌代言人，例如，某运动品牌选用多位奥运冠军作为代言人，并将品牌突出的卖点和优势放在首页，用以增强轮播海报的说服力和吸引力。

（四）构图合理

轮播海报的构图要符合大众的审美和视觉规律。海报的构图主要是处理好图片、文字之间的位置关系，使其整体和谐，并突出主体。常见的构图方式有以下几种：

1. 左右构图

左右构图是比较典型的构图方式，一般有左图右文和左文右图两种模式，这种构图方式比较沉稳、平衡，如图3-33所示。

2. 左右三分式构图

左右三分式构图的海报通常两侧为文字，中间为图片。这种构图方式比左右构图方式更具层次感，为了区别主次，可将两边的文字设置为不同大小。

3. 上下构图

该类构图方式分为上图下文和上文下图两种，可以形成一个明确的视觉焦点，比较容易突出主题，如图3-34所示。

▲图3-33　左右构图

4. 斜切构图

斜切构图会使画面显得时尚、动感，但是画面平衡感不是很好控制，如图3-35所示。一般来说，斜切式的文案倾斜角度最好不要大于30°，不然需要歪头阅读。另外，根据消费者的阅读习惯，文字一般是往右上方倾斜，这样设计会使文字有一种上升感。

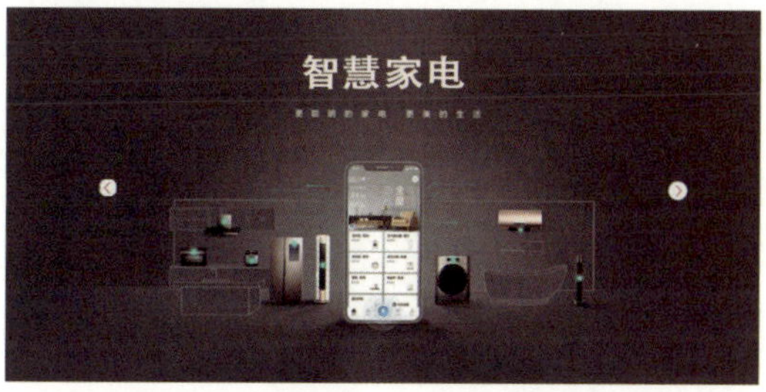

▲图3-34　上下构图

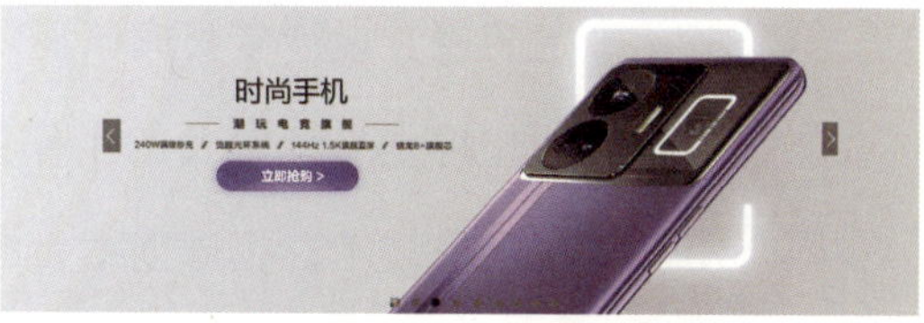

▲图3-35　斜切构图

（五）图像清晰，设计感强

图像要清晰，即图片的分辨率要高。清晰的图像能够把商品或模特拍摄得更加吸引人，最大化地展示商品优势。图3-36所示为微距拍摄，卖家对自己的商品比较有信心，将细节完美地展示出来，而且经过后期的精修，商品的质感被完美表现出来。

▲图3-36　细节轮播海报

在信息清晰呈现的前提下，设计就可以作为加分项。有设计感的图片会吸引消费者的注意力，并为品牌的格调加分，尤其是以设计为卖点的商品。例如某男装设计品牌，用前卫的背景和有特点的模特来塑造店铺“优于设计，品位独特”的形象，为自己的商品和品牌加分，如图3-37所示。

▲图3-37　某男装设计品牌轮播海报

直通职场

网店视觉设计专员需要具备的基本能力

随着移动互联网的快速崛起，电商行业迅猛发展，对相关专业人才的需求越来越高，网店视觉设计专员发展前景非常广阔，行业对网店视觉设计专员需要具备的基本能力有以下要求：

1. 熟练使用图片处理软件

熟练使用图片处理软件是网店视觉设计专员的必备能力，网店视觉设计过程中使用的轮播海报、各类站内站外推广图都需要通过软件进行处理，因此图片处理软件的熟练应用是对该岗位人才的基本要求。

2. 色彩搭配与视觉统筹

网店视觉设计需要对对比、均衡、重复、比例、近似、渐变以及节奏美、韵律美等有一定的认识，尤其是色彩搭配和视觉统筹可以反映设计专员的审美能力。因此要使网店视觉设计具有美感，设计专员需要具备一定的色彩搭配和视觉统筹能力。

3. 创新与创意

为了给消费者提供更好的视觉体验，行业对视觉设计的要求在不断提高。在设计思路上有想法、有创造力，突破普通的思维方式去寻求设计表现的创造力，成为网店视觉设计专员应该追求的能力。

视觉设计专员的工作重复性较高，想要在职业上取得长足发展，就要不断提升自己的技术，拓展创意、统筹、拍摄、策划等方面的能力。

任务实施

任务背景：

轮播海报在网店首页中占据非常重要的位置，作为一家新开设的网店，其前期访客人数、流量都比较少。为了引入更多流量，运营部决定策划一场促销活动，并通过轮播海报的形式在首页重点展示。

活动信息如下：

店铺现有一款实体店同款连衣裙，新店开业期间下单立享五折，限量2 000件，先到先得，售完为止；另有一款联名款T恤，活动开始后的两小时内，9.9元限时抢购！（相关资料见Abook资源）

任务要求：

1. 根据网店运营策略，结合营销主题，明确轮播海报的设计要求。

2. 根据网店运营策略，结合轮播海报的设计要求，规划其展示内容并完成制作。

任务分析：

轮播海报设计的好坏直接影响到商品的点击量、浏览量等。轮播海报设计目的要明确，内容要精练，不可冗杂，一般以图像为主，以文案为辅。视觉冲击力可以通过图像和色彩来实现。文案设计思路要清晰，要明确中心主题、衬托文字等内容，通过调整文字的疏密、大小、笔画粗细等因素来形成视觉上的平衡。另外，图片输出格式、大小要符合规范。

任务操作：

任务操作1：从尺寸、数量、格式等角度明确轮播海报的设计要求，填写表3-7。

表3-7　轮播海报设计要求

项目	具体要求
商品选择	
尺寸要求	
数量要求	
格式要求	

任务操作2：根据营销主题，结合设计要求，规划轮播海报的展示内容，完成轮播海报的制作，填写表3-8。

表3-8　轮播海报展示内容

项目	具体内容
色彩搭配	
字体应用	
文案设计	
构图方式	

任务评价

评价任务	评价标准	评价结果			
		优	良	中	差
轮播海报设计与制作	轮播海报的尺寸、数量、格式等符合要求				
	轮播海报的字体、颜色等视觉效果统一，具有明确的可阅读性				
	轮播海报构图合理，并且具有一定的营销导向				
	轮播海报设计能够提升店铺整体风格				

任务拓展

不同行业的轮播海报的设计存在较大差异，请结合化妆品行业某网店的商品定位及营销需求，规划轮播海报的展示内容，根据轮播海报的设计要点完成轮播海报设计与制作（具体资料见Abook资源）。

同步测评

1+X网店运营推广职业技能等级证书（初级）的网店装修工作领域主要包括首页设计与制作、详情页设计与制作、自定义页设计与制作三项工作任务。其中，首页设计与制作与本项目内容高度契合。以下为1+X网店运营推广职业技能等级证书（初级）中关于首页设计与制作的相关标准：

1. 能根据网店营销需求，结合商品定位，对目标消费者浏览习惯进行分析，选择能有效提升购物体验的首页组成元素，完成网店首页布局，以有效分流并提升消费者在店铺的访问深度。

2. 能根据网店定位，结合目标消费者特征，分析标志、色彩、字体等视觉传达元素，对网店首页进行视觉营销设计，塑造个性化的网店风格。

3. 能遵守电子商务相关法律法规及广告内容准则，根据网店经营理念，结合品牌文化特色，设计并制作具有高辨识度、风格统一的标识。

4. 能遵守电子商务相关法律法规及广告内容准则，根据横幅广告设计规范，结合网店营销需求，设计并制作主题明确、风格统一的横幅广告。

一、单项选择题

1. 构成首页第一屏的模块不包括（　　）。

A. 店招　　B. 活动图

C. 导航条　　D. 轮播海报区

2. 以下不属于移动端店铺首页常见布局方式的是（　　）。

A. 聚流型布局　　B. 分流型布局

C. 论文式布局　　D. 发散型布局

3. 以下不属于电脑端店招常见布局方式的是（　　）。

A. 促销活动式布局　　B. 品牌推广式布局

C. 商品推广式布局　　D. 网店推广式布局

4. 以下关于店招的设计要点表述不正确的是（　　）。

A. 以设计师自身想法为主　　B. 凸显品牌的特性

C. 视觉重点不宜过多　　D. 颜色保持整洁性

5. 以下不属于轮播海报设计要点的是（　　）。

A. 主题明确　　B. 风格统一

C. 构图合理　　D. 色彩多变

二、多项选择题

1. 首页设计与制作对于网店的作用主要体现在（　　　　）等方面。

A. 增加消费者信任感　　B. 传递品牌形象

C. 传达店铺活动信息　　D. 增加网店吸引力

2. 一般来说，网店首页被分为（　　　　）三个部分。

A. 页头　　B. 内页

C. 页尾　　D. 页脚

3. 店标的展现形式包括（　　　　）。

A. 具象图形店标　　B. 抽象图形店标

C. 文字店标　　D. 图文结合型店标

4. 优秀的店标设计应该遵循的设计原则有（　　　　）等。

A. 时代性　　B. 引领性

C. 造型性　　D. 延展性

5. 轮播海报构成要素包括（　　　　）。

A. 背景　　B. 文案

C. 商品信息　　D. 模特

三、判断题

1. 店招的主要作用是展示店铺的形象和商品定位。（　　）
2. 识别性是店标设计的基本功能，独具个性的标志可以增加店铺及其商品的识别力。（　　）
3. 首页海报中的主体商品或文字篇幅不能太多，否则会造成信息冗余繁杂，也会造成画面杂乱，影响店铺整体的视觉美观。（　　）
4. 斜切式构图会使画面显得时尚、动感，而且画面平衡感很好控制。（　　）
5. 为营造真实感和生活情调，在设计轮播海报时可以使用生活背景。（　　）

四、技能操作题

任务背景：

网店的视觉风格已经基本确定，接下来需要对具体的页面进行设计与制作。首页是网店的门面，合理的布局能够在展示品牌定位、店铺形象的同时形成一定的视觉引导效果。在进行网店首页设计时，考虑网店正处于初创阶段，且有实体工厂货源优势，运营部希望通过丰富的商品款式、较大的活动力度来为店铺及商品引流；同时为了更好地向消费者传递品牌及商品信息，希望通过风格独特的标识刺激消费者对店铺产生深刻的印象。首页布局完成之后，运营部开始构思店标的设计与制作，并决定策划一场促销活动，通过轮播海报的形式在首页重点展示。活动信息如下：

店铺现有一款实体店同款单肩包，新店开业期间下单立享买一送一（可获赠价值199元的钱包一个），先到先得，售完为止；另有一款明星同款手提包，39.9元抢购，限量500件，售完为止！（相关资料见Abook资源）

任务要求：

1. 根据网店运营策略，选择网店首页模块并完成布局规划。

2. 根据店铺的经营理念和商品定位，结合店标的设计规范，完成店标设计与制作。

3. 根据网店运营策略，结合轮播海报的设计要求，规划其展示内容，并完成制作。

4 项目四

商品详情页视觉设计与制作

学习目标

知识目标

- 了解商品详情页的作用
- 了解商品主图的作用
- 了解商品视频的作用
- 熟悉商品详情页的构成要素
- 熟悉商品详情页的设计思路
- 熟悉商品主图的设计规范
- 熟悉商品主图的设计形式
- 熟悉商品描述的构成要素
- 熟悉商品描述的设计原则
- 熟悉商品视频的类型
- 掌握商品详情页的布局要点
- 掌握商品主图的设计要点
- 掌握商品描述的设计要点
- 掌握商品视频的设计要点

技能目标

- 能够根据网店定位及商品特点，结合商品详情页的布局要点，完成商品详情页内容规划
- 能够根据商品卖点，结合商品主图的设计规范，完成商品主图设计与制作
- 能够根据商品描述的设计要点，结合商品描述的设计原则，完成商品描述设计与制作
- 能够根据商品视频的设计要点，结合商品视频的类型，完成商品视频设计与制作

素养目标

- 培养团队合作精神，具备沟通协作能力
- 作品反映正确的情感价值
- 作品体现传统文化，增强文化自信

学习导图

商品详情页内容规划

商品详情页的作用
商品详情页的构成要素
商品详情页的布局要点
商品详情页的设计思路

→ 商品主图设计与制作

商品主图的作用
商品主图的设计规范
商品主图的设计形式
商品主图的设计要点

→ 商品描述设计与制作

商品描述的构成要素
商品描述的设计要点
商品描述的设计原则

→ 商品视频设计与制作

商品视频的作用
商品视频的类型
商品视频的设计要点

案例导入

利用商品详情页打造极致视觉体验

优质的商品详情页能给店铺带来高转化率。某品牌旗舰店的商品详情页主要包括店铺热销推荐、商品信息展示、品牌展示及消费者体验展示等模块，通过对商品详情页的整体设计，能够提高消费者的购买欲望和信心，从而带来高转化率。

1. 店铺热销推荐

该模块展现的是店铺的热销商品。在商品详情页中加入热销商品推荐可以起到促进热销商品销售的作用，以此带动其他商品的销售。该模块中的商品通常是店铺里热卖且款式新颖的商品，主要目的是吸引消费者点击。

2. 商品信息展示

该模块展现的是商品的详细信息，主要包括商品的品质、细节、属性、参数及对比（见图4-1）等，目的是让消费者能够从文字、图片中获取更加详细的商品信息，弥补消费者在购买时无法通过触摸感受商品的缺憾，提升消费体验。

▲图4-1 商品对比

3. 品牌展示

该模块通常通过展示品牌特点、品牌荣誉、品牌合作伙伴等内容，突出品牌的核心特点和优势，侧面证明品牌的实力和口碑，以提升消费者对品牌的好感和信任。

4. 消费者体验展示

该模块主要展示的是消费者使用商品之后所产生的好评内容、买家秀图片，以及好评数量和评分等信息，为消费者提供真实的商品使用反馈，目的是侧面突出商品的品质，增强消费者的购买信心，促进购买决策。

任务一 商品详情页内容规划

任务描述

商品详情页是商品内容的体现，是展示商品信息及卖点的页面。商品详情页要与商品标题相对应，能够真实介绍商品的属性。一个完整的商品详情页要告诉消费者商品的价格、外观、功能，以及该商品与同类竞争商品相比较的优势等。每款商品都有其专属的商品详情页，其设计的好坏会对消费者的购买行为产生直接的影响。因此，商品详情页的设计要在美观实用的基础上，将表达的信息尽可能用直观的视角展现出来。

本任务的主要工作内容：

1. 了解商品详情页的作用。
2. 完成商品详情页的布局。
3. 明确商品详情页的设计思路。

任务准备

一、商品详情页的作用

商品详情页是详细介绍商品信息的页面，是影响商品是否成交的关键页面。商品详情页作为店铺的重要组成部分，越来越受到卖家的重视。无论是对提高转化率，还是提升整个店铺的浏览量，商品详情页都起到很大的推动作用。

（一）重要的流量入口

消费者一般是通过搜索商品、点击商品主图进入商品详情页的。店铺所做的付费推广，通常也是把流量引到商品详情页上。商品详情页直接面对消费者，是流量的重要入口。

（二）商品的说明书

商品详情页可以向消费者展示和介绍商品、传达促销信息，同时能树立店铺的品牌形象，还能减轻客服人员的工作量。

（三）延长页面停留时间

商品详情页是商品的说明书，需要通过足够吸引消费者的内容、符合消费者心理期望的呈现逻辑来展示商品。丰富的内容、生动的呈现逻辑可以让消费者享受阅读和购物的乐趣，从而延长页面停留时间。

（四）提高转化率

商品详情页是提高转化率的入口，能够激发消费者的消费欲望，树立消费者对店铺的信任感，打消消费者的消费疑虑，促使消费者下单。虽然起决定性作用的是商品本身，但可以通过优化商品详情页来提升转化率。

（五）提升客单价

通过详情页的内容呈现、关联销售等可以挖掘消费者的潜在需求。一旦消费者的潜在需求被挖掘出来，通过文案营销就很容易让消费者产生购买欲望，从而提升客单价。

二、商品详情页的构成要素

（一）商品图片

商品详情页的商品图片主要分为商品主图、商品细节图和商品卖点图。商品主图位于商品详情页的左上方，消费者浏览商品详情页时最先看到的就是商品主图。商品细节图通常用于商品详情页的详情描述部分，可拉近消费者与商品之间的距离，让消费者对商品有更全面的认知。商品卖点图在商品详情页中主要起到突出商品卖点的作用，最终达到吸引消费者，引起消费者认同，提升转化率的效果。

（二）商品视频

商品详情页的商品视频分为商品主图视频和商品描述视频。商品主图视频可以是关于商品宣传的视频，商品描述视频可以是关于商品细节、卖点介绍或商品使用方法介绍的视频。

三、商品详情页的布局要点

（一）电脑端商品详情页的布局要点

电脑端商品详情页由各个模块组成，从上向下依次为主图区、左侧边栏、商品描述区，如图4-2所示。

商品详情页中商品描述区是可以自由发挥设计的区域。商品价值+消费信任=促进下单。此区域上半部分可以介绍商品价值，设计商品细节图、商品卖点图等，下半部分用于培养消费信任感。对于消费信任感，可以通过各种证书、品牌认证图片来树立，使用合适的颜色、字体及排版结构对赢得信任也可以起到重要作用。商品详情页中每一块区域都有它的价值，都要经过仔细的推敲和设计。

（二）移动端商品详情页的布局要点

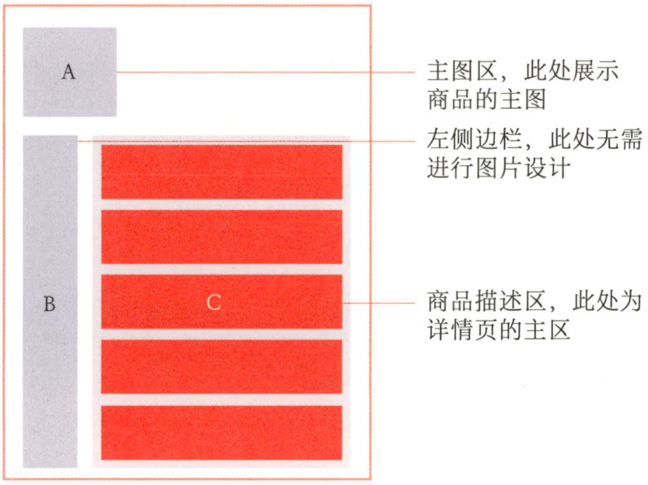

▲图4-2　电脑端商品详情页布局

在移动端店铺购物的消费者，其购物随机性非常强，消费者可以方便地利用碎片化时间进行购物。移动端店铺的商品详情页是决定能否成交的重点页面，消费者会根据商品详情页中的内容决定是否购买该商品，因此，移动端商品详情页是商品视觉展示的要点，也是营销展示的重点。为了在短时间内激发消费者的购物欲望，移动端商品详情页的设计需要简单有效，放大商品的卖点。考虑移动端设备的屏幕大小、网速等客观因素，移动端卖家在设计商品描述时，需以移动端的思维考虑，跳出电脑端页面设计的思维束缚。

1. 突出重点——商品主图

商品主图要有一个明确的主题。在设计时，卖家可以把促销信息融入商品主图，在图片中适当加入促销关键字，以更具视觉冲击力的方式向消费者传递促销信息；也可以适当调整价格，用价格优势吸引消费者。

2. 避免消费者阅读疲劳——商品描述

商品描述的长度不宜过长，否则会导致页面加载速度变慢，也会使消费者产生视觉疲劳。一般来说，移动端商品详情页中的商品描述尽量控制在10屏以内。

3. 增加消费者购买欲望——促销活动

在商品描述中增加活动力度较大的促销信息，让消费者了解商品的同时，清楚地知道可以享受哪些促销优惠，用促销优惠来刺激消费者的购买欲望。

4. 挖掘痛点——单品海报

单品海报是商品描述的第一张海报，要把商品的核心卖点凸显出来。单品海报可以让消费者在第一时间直观地了解商品，从而产生继续浏览商品详情页的行为。另外，要真正触动消费者的真实需求，就需要根据商品特点及消费人群特点，站在消费者的角度来考虑他们最关心的因素，从而挖掘消费者的痛点。

5. 减少售前咨询——商品信息

卖家在设计商品信息时，可展示商品品牌、名称、产地、颜色、材质、重量、功能等，以明确地表达商品详细信息。对消费者需要看到并且希望看到的内容，卖家应该重点呈现。

6. 增加客单价——搭配推荐

在商品描述中增加搭配推荐。例如，可以在商品描述中展示与商品相关的其他商品，也可以展示店铺热门商品或店铺新款商品。如果消费者对展示的这款商品不满意，可以选择其他商品，这样设计可以给消费者提供更多选择，激发消费者的购买欲望。

7. 加深消费者对商品的信任——实际案例

卖家可以通过试用营销推广，发布免费试用商品活动，收集试用报告。然后把试用者对商品的相关描述以及买家秀等内容展示在商品描述中，让消费者信任该商品。多种场景的买家秀可以为消费者提供商品搭配的多种可能，刺激消费者购买。

行业洞察

商品详情页中常见的违规行为

在日常网店视觉设计工作中存在着很多容易被卖家忽略的违规行为，商品详情页违规就是常见的一种。商品详情页中常见的违规行为有以下几个方面：

1. 图片使用不当

商品详情页中的图片应以卖家自己拍摄的商品实物图为最佳，如果一定要使用他人的图片，需获得相关授权。因为盗用其他卖家的图片而涉嫌违规抄袭，一经证实将会受到平台处罚。

2. 字体使用不当

在商品详情页设计过程中经常会用到一些字体，合适的字体能够让整个页面更加美观、亮眼。在选择和使用字体时，除了考虑美观性，还要注意字体的版权问题。如果使用未经授权或不可商用的字体，会造成违规侵权。

3. 出现违规信息

在商品详情页中如果出现违反平台规则甚至违反相关法律的信息，将会受到处罚。卖家不可为了眼前一时的利益而违反相关法律和平台规则。

四、商品详情页的设计思路

店铺的商品详情页设计是直接决定交易能否达成的关键因素。根据运营情况，店铺商品可以分为新品、促销商品、热卖单品等。下面介绍这三种商品详情页的设计思路。

（一）新品详情页的设计思路

对于刚刚研发上市的商品，在通过商品详情页让消费者了解商品的同时，还需要把商品的设计理念准确无误地传达给消费者。在设计新品详情页时需要注意以下几点：

1. 突出差异化优势

在激烈的竞争环境中，想要让商品脱颖而出，最好的方式就是突出商品的差异化优势。

图4-3所示的“双面独立悬浮烤盘”卖点就突出了商品的差异化优势。

▲图4-3　突出差异化优势举例

2. 强调品牌、品质

对于新品，消费者往往会对商品详情页里的内容持有一定的怀疑态度，此时需要强调商品的品质，通过品牌来加强消费者对商品的信任程度。

3. 运用各类营销方式

新发布的商品在前期阶段销量较低，需要通过各种营销方式为商品积累一定的基础销量，这是新品详情页需要优先思考的内容。

（二）促销商品详情页的设计思路

对于促销商品，商品详情页的设计需要考虑以下几个因素：

1. 突出活动力度

通过呈现活动的力度，吸引消费者对商品产生兴趣和关注。如图4-4所示，通过促销满减和抢免单活动，突出了活动的力度。

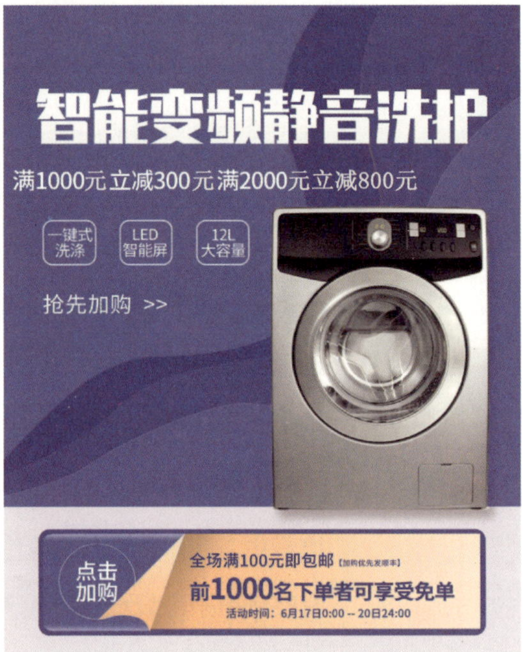

▲图4-4　突出活动力度

2. 强调性价比

当消费者对活动和商品产生兴趣之后，再强调商品的性价比，会给消费者以物超所值的感觉，可有效地提升商品的转化率。

（三）热卖单品详情页的设计思路

热卖单品指的是店铺里销量比较高的商品。对于这类商品的详情页设计，需要突出商品的热销盛况及其优势。

1. 突出商品的热销盛况

利用消费者的从众心理提升商品的转化率是营销中常用的方式之一。如图4-5所示，突出商品的热销盛况，展示当前商品已被大众认可，减少消费者的购买顾虑。

2. 强调商品的优势

利用商品的优势来佐证消费者选择的正确性，只有优质的商品才可以促使消费者下决心购买，如图4-6所示。

▲图4-5　突出热销盛况

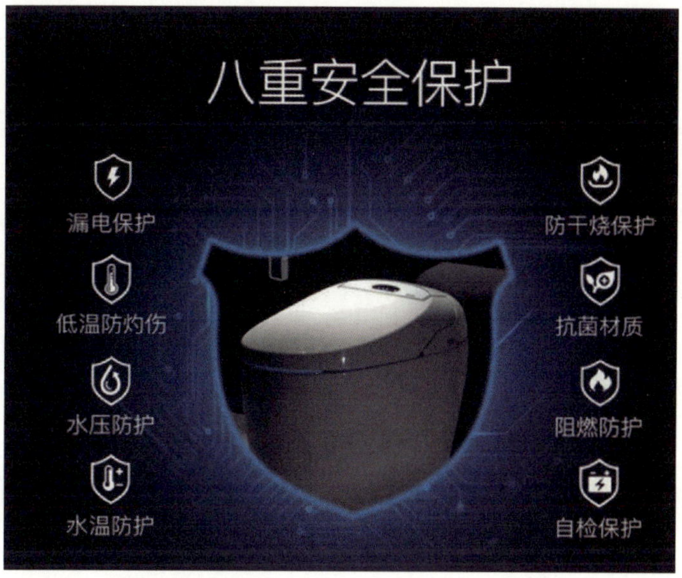

▲图4-6　强调商品的优势

任务实施

任务背景：

店铺首页设计完成后，运营部开始着手商品详情页的设计与制作。网店正式上线运营的时间恰逢平台的“风尚节”活动，于杨决定针对选定的三家网店，分别选择当前销量最高的一款单品，分析其商品详情页的构成要素。针对即将上架的新品连衣裙进行商品详情页内容规划，为后续制作商品详情页做准备（相关资料见Abook资源）。

任务要求：

1. 分析三款单品的详情页构成要素。

2. 根据店铺的经营理念和商品定位，明确新品连衣裙详情页的构成要素，并进行内容规划。

任务分析：

商品详情页是所有营销的落脚点，承担着引导消费者下单的职责。消费者在通过搜索之后，直接到达商品详情页。在进行商品详情页设计时，既要了解商品属性，又要清楚消费者的购物心理，还要熟悉消费者的视觉动线和浏览习惯。在制作商品详情页之前，可以对同类目优秀店铺的爆款商品详情页进行分析比对，明确商品详情页的构成要素，在此基础上根据自身店铺和商品的特点，对商品详情页进行内容规划。

任务操作：

任务操作1：对三款单品的详情页构成要素进行分析，填写表4-1。

表4-1　三款单品详情页构成要素分析

单品名称	构成要素	
	商品图片	商品视频
单品1：		
单品2：		
单品3：		

任务操作2：根据店铺的经营理念和商品定位，明确新品连衣裙详情页的构成要素，并进行内容规划，填写表4-2。

表4-2　商品详情页内容规划

构成要素	内容规划

任务评价

评价任务	评价标准	评价结果			
		优	良	中	差
商品详情页内容规划	准确分析给定商品详情页的构成要素				
	合理选择自身商品详情页的构成要素				
	合理规划自身商品详情页的具体内容				

任务拓展

不同的商品对应的目标消费群体不同，请结合化妆品行业某企业的主营商品情况，对商品详情页所选用的构成要素进行分析，完成商品详情页内容规划（具体资料见Abook资源）。

任务二 商品主图设计与制作

任务描述

在商品搜索结果页、商品详情页顶部和网店首页都会出现商品主图。商品主图是展示商品信息的第一窗口，也是消费者进入网店的主要入口，其吸引力在一定程度上决定了网店的访客量。清晰度高、细节突出、描述完整的商品主图可以让消费者快速了解商品，并对商品形成直观的印象，产生深入了解商品的兴趣，为商品带来流量和转化率。

本任务的主要工作内容：

1. 了解商品主图的作用及设计规范。
2. 规划商品主图的展示内容。
3. 完成商品主图的设计与制作。

任务准备

一、商品主图的作用

当消费者通过关键词或类目搜索商品时，展现在消费者眼前的第一张图片就是商品主图。商品主图的优劣是影响消费者关注和点击的重要因素。商品主图的质量影响商品在商品搜索页中的排序。通过一张有吸引力的、让消费者眼前一亮的商品主图可以产生较好的销售效果，为店铺节省一大笔推广费用，这是有些店铺在没有进行推广的情况下，依然能够吸引很多流量的主要原因。

商品主图对商品本身来说是非常重要的信息承载和传达媒介，一般包括商品的标题、销售数量、价格、款式、风格、颜色、造型、销售状态（如打折）等商品信息，能直接地影响消费者对于该商品的喜好程度，对商品销售起着重要的作用。商品主图还会出现在搜索页、首页、列表页、商品详情页等页面中，因此，设计与制作好商品主图是非常重要的一项工作。

二、商品主图的设计规范

为了保证搜索页面的美观和消费者的体验，电商平台对商品主图的尺寸、背景都提出了具体的要求和规范。如果不按照规范要求制作商品主图，会导致商品的搜索降权，搜索降权的商品虽然还可以被搜索到，但是在综合排序中比较靠后，在价格、信用和销量排序中可能会被隐藏。所以，卖家应遵循商品主图的设计规范合理设计商品主图。

（一）尺寸规范

一般来说，商品主图应呈现为正方形或长方形，需要符合平台的尺寸要求，在显示时才不会变形。商品主图的尺寸主要取决于电商平台的要求，不同的电商平台可能有不同的规定。以某电商平台为例，其商品主图的尺寸规范为800像素×800像素，上传此尺寸的商品主图在展示时不会出现变形拉伸等情况。有些商品主图在外边框上带有黑色边缘，是因为商品主图尺寸不符合平台基本要求。

（二）背景规范

商品主图的背景应符合商品卖点，颜色应根据目标消费群体的视觉偏好进行选择。例如，运动耳机的背景应该与运动场景相匹配，整体色彩风格要呈现出动感，满足运动目标群体的喜好。使用合理的背景来突出整体画面氛围，将使画面更加直观，让人感觉到真实和亲密。

三、商品主图的设计形式

商品主图的基本要求是能够展示商品的全貌、图片清晰且不能有杂乱的背景。商品主图的设计形式主要有以下几种类型：

（一）展示全貌

利用白色背景展示商品的全貌是商品主图最常见的设计形式，大多数平台都要求至少有一张白底商品主图。这种设计的好处是干净、直接，可以让消费者快速了解商品的外观和颜色，如图4-7所示为白底商品主图。

▲图4-7　白底商品主图

（二）场景设计

根据商品的用途和特点搭建生活化、场景化的环境是商品主图常见的设计形式。例如，通过模特展示商品，如图4-8所示。这种设计形式的好处是可以让消费者直观地感受商品的实际穿戴或使用效果，产生心理上的映射关系，并且间接地向消费者传达商品的适用人群和档次。

（三）拼接设计

拼接设计是将多张商品图片拼合成一张商品主图，如图4-9所示。这种设计形式的好处是信息丰富，不但可以同时显示商品的外观和实际功效，还可以让消费者对商品的可选颜色一目了然。其缺点是众多图片放在一起，商品特征不够凸显。

（四）卖点设计

在商品主图上添加核心卖点标识，并结合有吸引力的文案或促销信息，将卖点巧妙地呈现给消费者，可以有效吸引消费者的注意力，激发其购买欲望，推动商品的销售。

▲图4-8　主图：模特展示商品

▲图4-9　拼接主图

四、商品主图的设计要点

作为商品的招牌，商品主图对商品销售的影响是多方面的：图片场景展示了商品的适用范围，可以提高消费者的认知度；图片的清晰度和颜色会影响消费者的购买欲望；创意卖点可以吸引消费者的注意力；模特展示可以提高消费者对商品的兴趣；促销信息可以提高商品点击率。下面将对这些设计要点分别进行介绍。

（一）图片场景

在设计图片场景时，不同背景、不同虚化程度的素材都可能影响图片的视觉效果，进而影响点击率。曾有数据调查表明：点击率在2%以上的抽样图片中，有50%使用的是生活背景。

（二）图片清晰度

作为商品主图，清晰度是最重要的。商品主图中的商品不清晰，会使商品主图的效果大打折扣。

（三）图片颜色

商品主图使用纯色背景常常可以烘托出商品的颜色，切忌用过于繁杂的背景。利用纯色作为背景，不仅在颜色搭配上比较容易，也更能令人印象深刻。反之，背景采用过多、过杂乱的颜色，会让消费者的眼睛感到疲倦，进而分散其注意力，影响其购买欲望。

（四）创意卖点

商品主图的创意卖点是吸引消费者的亮点，是商品的核心竞争力，需要明确两个基本点：一个是商品定位，另一个是消费者分析。只有充分了解目标消费者，才能提炼出商品的卖点。同时，需要确定目标消费者的年龄范围、偏好等，这样可以更好地吸引目标消费者，增加流量，提高转换率，降低跳失率。

（五）模特展示

有些类别的商品一般在主图上展示模特与商品的组合图片，如服装、饰品、生活工具等。使用模特对商品进行展示，可以直观地向消费者呈现商品的效果，从而赢得消费者的青睐。

商品主图的构图方法

（六）促销信息

促销商品往往更能够吸引消费者，所以在促销商品时，将促销信息添加到商品主图中可以提高点击率。例如，限时抢购、限时优惠等促销文案会让消费者有再不买就将错过的紧迫感。需要注意的是，促销信息要尽量明确、字体统一，尽量保持在10个字以内，做到简短、清晰、有力，避免出现促销信息混乱、喧宾夺主等问题。图4-10所示为具有促销信息的主图。

▲图4-10　具有促销信息的主图

任务实施

任务背景：

在促销商品时，将促销信息添加到商品主图中可以有效提高点击率。对此，于杨决定通过此次“风尚节”促销活动，为两款活动商品（连衣裙、T恤）分别制作商品主图，借助活动氛围最大限度提升商品转化率（相关资料见Abook资源）。

任务要求：

1. 根据网店运营策略，结合商品主图的设计规范，明确商品主图设计要求。
2. 根据网店运营策略，结合商品主图的设计要求，规划其展示内容并完成制作。

任务分析：

商品主图是消费者接触到店铺商品信息的第一视觉途径，商品是主图的核心，要放在醒目的位置，文案内容需精简，背景需与商品主体协调。在进行主图设计时，可以根据商品特点采用不同的设计形式。例如，对于拥有自主品牌的网店来说，可以在商品主图上放置其品牌标识，提高商品的影响力和知名度；对于促销商品的主图，可以添加带有促销价位及相关信息的标签，增加商品的点击率。

任务操作：

任务操作1：从尺寸、格式、数量等角度明确商品主图的设计要求，填写表4-3。

表4-3　商品主图设计要求

项目	具体要求
商品选择	
尺寸要求	
数量要求	
格式要求	

任务操作2：根据网店商品及目标消费人群定位，结合商品主图设计要点，规划其展示内容并完成制作，填写表4-4。

表4-4　商品主图展示内容

项目	具体内容
背景选择	
字体应用	
文案设计	
设计形式	

任务评价

评价任务	评价标准	评价结果			
		优	良	中	差
商品主图设计与制作	商品主图设计合理规范，设计要点丰富				
	色彩搭配合理、设计形式合理				
	图文排版视觉效果统一，具有明确的可阅读性				

任务拓展

商品主图能够向消费者传达商品的相关信息，因此在设计与制作商品主图时，要选择合适的素材，体现一定的创意和营销元素，从而吸引消费者关注商品，点击商品主图进入店铺，为店铺带来流量和利润。请结合商品主图制作的设计形式与要点，完成化妆品行业某企业的商品主图设计与制作（具体资料见Abook资源）。

任务三 商品描述设计与制作

任务描述

商品描述是对某商品总体的描述，能让消费者对商品有大致的了解。商品描述不是告诉消费者该如何使用商品，而是说明该商品在什么情况下使用会产生什么样的效果。商品描述是商品详情页的主要内容，一个好的商品描述不仅可以使消费者更好、更详细地了解商品，还可以提高商品转化率。

本任务的主要工作内容：

1. 选择商品描述的构成要素。
2. 明确商品描述的设计要点。

任务准备

一、商品描述的构成要素

商品描述内容设计的FABE原则

商品描述作为商品卖点的体现，其内容大致可以分为关联推荐、单品海报、商品卖点、商品参数、商品实拍展示、商品细节展示、物流与售后等。

（一）关联推荐

在激烈的竞争环境下，流量的获取成本越来越高，导致进店流量的价值在无形中变得越来越高。同一进店流量，客单价越高，其贡献也就越高。通过关联推荐，让消费者有更多的购买选择机会，可以有效提高转化率。

关联推荐一般位于商品描述的顶端，放置的商品与商品详情页介绍的商品有一定的关联，可以是同类商品，也可以是相关商品。例如，与手机的商品详情页相对应的关联推荐可以是手机壳、手机膜和耳机等关联商品。需要注意的是，关联推荐的设计需与商品描述整体色调统一，关联商品数量不在多，贵在精，整个关联推荐有主有次、和谐统一，如图4–11所示。

（二）单品海报

单品海报主要起到吸引消费者眼球的作用。单品海报中可以放置一些突出卖点的文案，结合创意排版设计激发消费者的购买意愿。单品海报的设计至关重要，直接影响商品的销量，如图4–12所示。

▲图4-11　关联推荐设计

▲图4-12　单品海报设计

商品描述的前三张图片十分重要，如果不能做到引人注意，消费者就会失去耐心，跳转到其他店铺购买同类商品。这样会造成消费者外流，影响网店的转化率，所以一定要十分用心地设计商品描述顶部的图片。

（三）商品卖点

展示商品卖点不是将卖点进行简单堆砌，而是要分清主次，分清哪些是重点需要突出展示，哪些可以简略展示。同时，还要在排版上用心设计，使消费者用欣赏的眼光看待商品卖点，如图4-13所示。

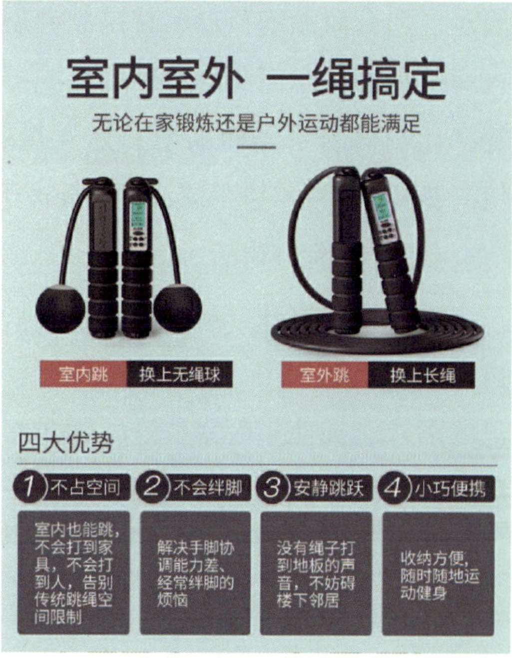

▲图4-13　商品卖点设计

（四）商品参数

商品参数是对商品的具体描述，包括商品名称、品牌、型号、产地、颜色和功能等。由于一款商品通常包含很多参数，所以排版要尽量规整，让消费者一眼就能找到想要了解的参数，如图4-14所示。

（五）商品实拍展示

商品实拍图展示一般是对商品外观的多角度展示，目的是让消费者从各个角度了解商品，如图4-15所示。商品实拍展示一般是带场景的实拍图片，如模特外景或室内棚拍图片。室内棚拍又分为白底拍摄、有色背景和加点缀搭配拍摄。

产品名称	：	手持折叠风扇
产品型号	：	M12
产品材质	：	ABS
产品功率	：	3W(MAX)
产品尺寸	：	195 mm×91 mm×51 mm
颜色	：	简约白 樱花粉 宝深蓝

▲图4-14　商品参数设计

▲图4-15　商品实拍展示设计

（六）商品细节展示

商品细节展示是商品描述十分重要的组成部分。如果商品实拍展示是对商品的横向展示，那么商品细节展示就是纵向展示，深入商品内部展示商品的精密零件或组成结构等，让消费者看到商品中不为人知的细节，使消费者对商品产生信赖，进而促成购买，如图4-16所示。

商品细节展示区的通用设计方式

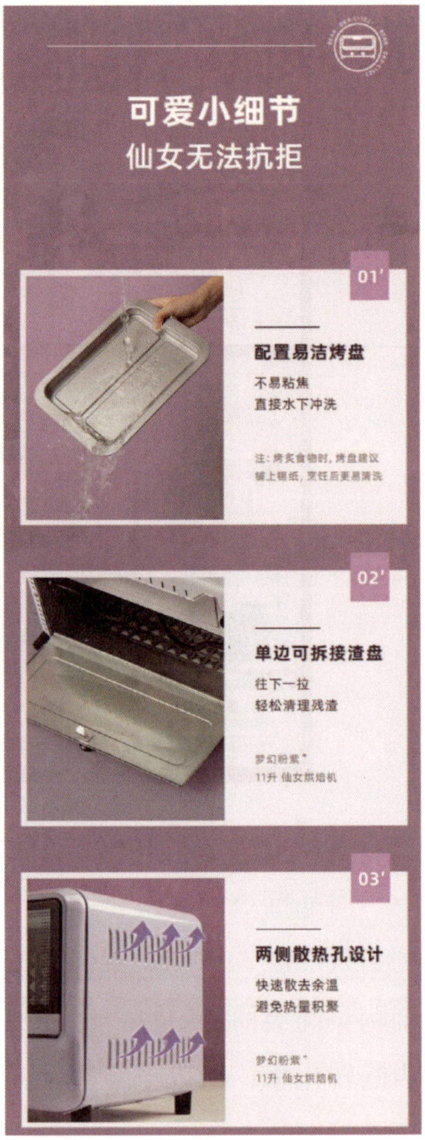

▲图4-16　商品细节展示设计

（七）物流与售后

物流与售后在商品描述的底部展示，主要包括网店的物流和售后信息等，如图4-17所示。消费者可以根据自己的需求选择使用哪家快递，通过售后信息了解店铺的售后服务，减少消费者的购物顾虑。

▲图4-17　物流与售后设计

二、商品描述的设计要点

（一）关联推荐的设计要点

关联推荐是一种有效的营销策略，能够引导消费者浏览更多的商品，增加消费者购买其他商品的机会，从而提高销售额。通常，关联推荐的设计要点主要包括以下几点：

1. 相关性

推荐的商品应该与原商品高度相关，以满足消费者的购买需求。例如，如果消费者浏览的是某款衣服的详情页，那么关联推荐商品可以是同一品牌的其他衣服或者搭配该衣服的其他商品，如配饰、鞋子等。

2. 多样性

为了给消费者提供更多的选择，关联推荐可以包括不同类型、风格、价格的商品。这样可以满足不同消费者的需求，增加销售的机会。

3. 陈列方式

不同类目的商品，其陈列方式是不同的，但无论怎样变化，通常以三种方式呈现：① 使用单品进行陈列展示。② 使用模特进行展示。③ 使用模特与单品的组合陈列。

4. 引导语

推荐商品的引导语应该简明扼要，能够吸引消费者的注意力。同时，引导语应该包括商品的特点、优势等信息，帮助消费者更好地了解商品。

5. 高质量图片

为了提高消费者的购买欲望，关联推荐的商品应该展示高质量的图片，并清晰地展示商品的面料、颜色、风格等信息。

（二）单品海报的设计要点

商品描述中的单品海报是为推广该款商品而设计的海报，一般由商品、主题和卖点三部分组成，目的在于吸引消费者购买该商品，其设计方法与首页海报的设计方法相似。

单品海报设计的主要目的是明确商品展示信息，突出商品优势。单品海报作为商品信息的重要展示媒介，需要清晰、准确地展示商品的关键信息，如品牌、型号、功能、特点等。为了更好地突出商品优势，在文案与图片的设计上要讲究创意，通过突出商品特色来放大商品的优势，或通过优劣商品的对比，将商品的优势展现出来。需要注意的是，在商品卖点、特点等的设计上要与主图相互衔接。图4-18所示为某款吹风机的商品主图与商品描述中的单品海报，通过商品描述对主图的描述信息进行延伸。

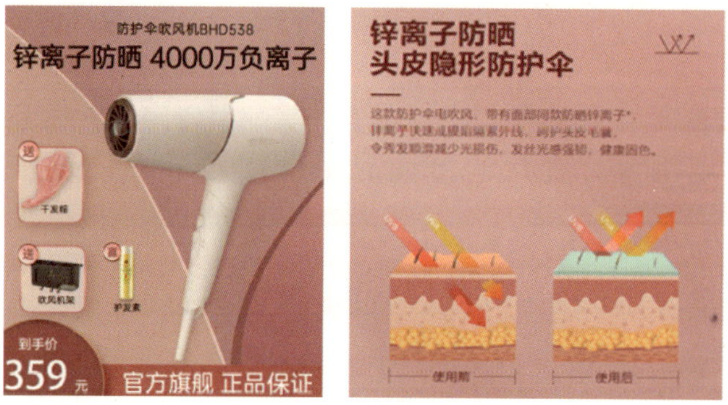

▲图4-18 商品主图与单品海报

（三）商品卖点的设计要点

在设计商品卖点时，通常可以从以下几个方面考虑：

1. **商品的功能或品质**

从商品的功能或品质上看，不同的商品有其独特的特点和优势。例如，某款面膜的主要功能是保湿，其主要卖点便是保湿；某款香氛型沐浴露具有清新好闻的香味，其主要卖点便是清新好闻的香味。

2. **商品的成分或原料**

商品的成分或原料也是设计商品卖点的重要依据。例如，护肤品中的烟酰胺具有美白功能，这便是其商品卖点，可以吸引消费者购买。

3. **商品的包装或设计**

在商品的外观包装或设计上，如果能有独特或新奇的特点，也可以作为商品卖点来吸引消费者购买。例如，月饼的包装通常会融入节日氛围和传统文化元素，以传达节日祝福。

4. **商品的消费者画像**

根据目标消费者的需求和习惯，设计符合消费者画像的卖点。例如，针对年轻女性的化妆品，可以强调“自然、环保”的卖点；针对老年人的保健品，可以强调“健康、安全”的卖点。

（四）商品参数的设计要点

商品描述中，虽然通过商品实拍展示、商品卖点、细节展示等可以使消费者了解商品，但对于一些具体参数，如材质、硬度、品质和厚薄等无法详细展示，所以就需要为商品添加参数说明，让消费者对商品有更准确的了解。

在网店中，商品参数的表达方式多种多样，卖家可以根据商品参数的多少与商品的特征进行灵活设计，常用的商品参数表达方式有以下四种。

（1）直接输入商品参数：自由排列输入的商品参数，一般需要使用文本框来统一文本的行间距。

（2）通栏排商品参数：商品参数表可以比较全面地反映出商品的特性、功能和规格等，在尺码方面应用得尤为广泛，图4-19所示为女装尺码参数表。在使用商品参数表时，可以通过设置表格行高、列宽、边框、底纹、文本格式等来美化表格，以匹配店铺的风格。

中国尺码	160/80A	165/84A	170/88A	170/92A	175/96A	180/100A
欧洲尺码	XS	S	M	L	XL	XXL
身高 / cm	160	165	170	170	175	180
胸围 / cm	80	84	88	92	96	100
腰围 / cm	62	66	70	74	78	82

*表中所显示的尺寸是人体尺寸，并非服饰尺寸。

▲图4-19　女装尺码参数表

（3）参数与商品两栏排：当商品参数比较少时，可通过左表右图或左图右表的方式排列商品参数模块，如图4-20所示。对于有尺寸规格的商品，还可在商品图上

产品参数

鞋类流行款式	穆勒鞋
参考标准尺码	36码
参考鞋长(女)	24 cm
参考鞋宽(女)	8 cm
前掌高度	0.5 cm
防水台高度	无
跟高数值	2 cm
闭合方式	套趾
鞋跟形状	平跟
风格	休闲

▲图4-20　参数与商品两栏排

添加尺寸标注。

（4）商品参数与商品图片自由组合：可以直接将商品的参数输入到商品图片中，也可以将商品参数细化到不同的商品图片中进行显示。

（五）商品实拍展示的设计要点

商品实拍展示应该清晰、准确地表达出商品的外观和特点，让消费者一目了然，主体不明确、信息混乱会影响消费者的体验，降低购买欲望。根据商品的特点和需求，选择合适的拍摄角度和风格来呈现商品实拍展示，通常会取得很好的效果。例如，对于服装类商品，可以选择模特试穿、细节特写等，展现商品的上身效果和细节特点；对于数码类商品，可以运用专业的摄影设备和技术，拍摄商品的外观和内部结构，展现商品的高科技属性。商品实拍展示应该简洁、直观，避免过多的文字和图案干扰消费者的注意力。例如，可以在图片中使用简短、明确的文案，描述商品的核心卖点，或者通过排版和设计，使图片更加简洁、易读。

（六）商品细节展示的设计要点

商品主图能够起到抛砖引玉的作用，将消费者吸引到店铺中。而能否留住消费者并成功交易，商品细节就成了制胜的关键。通过商品细节能够达到近距离观察商品的效果，让消费者对商品的品质有零距离的“触摸感”。

细节图片的选择对于细节的展示十分重要，细节图片一定要清晰明了，避免偏色。此外，细节图片的逻辑性要强，做到有条不紊。商品细节的展示方式一般分为融合式展示和独立式展示两种。融合式展示是同时放置商品整体图和商品细节图，整体图展现完整的商品，细节图则通过箭头、标注或其他指示元素，指向商品的具体位置，引导消费者关注商品的某些特定细节。独立式展示是单独地进行商品细节的展示，在排列布局上，可根据个人喜好与店铺的整体风格进行设计。图4-21所示为不同商品细节图的展示方式。

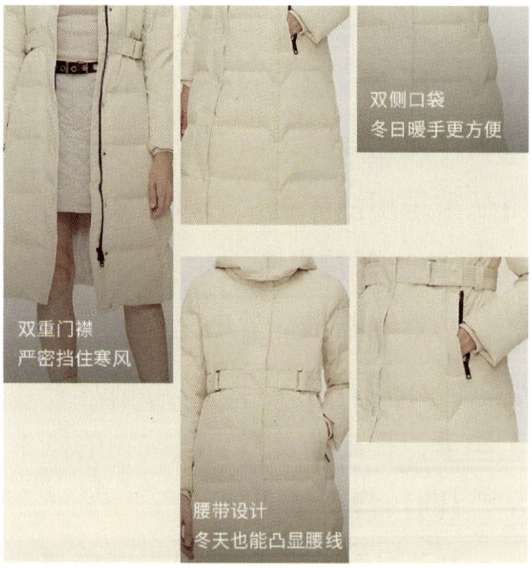

▲图4-21　商品细节图展示

不同类目的商品，其细节展示内容有所不同，卖家可根据商品自身的特点、卖点和优势进行细节的展示。例如，服装类商品细节图一般包括款式细节、做工细节、面料细节、辅料细节等；箱包类商品细节展示一般包括款式细节、做工细节、材质细节、配件细节等；鞋类商品细节展示一般包括款式细节、材质细节、辅料细节等。

（七）物流与售后的设计要点

物流与售后应该清晰、简洁地表达出物流和售后服务的内容和特点，让消费者一目了然，服务内容不明确、信息混乱会影响消费者的体验，降低购买欲望。卖家可以根据物流和售后服务的重点和优势，选择合适的表达方式和色彩搭配，突出服务的特点和优势，吸引消费者的注意力。同时，可以采用形象、生动的表达方式，如使用图标、插画、照片等，增强物流与售后的视觉效果和吸引力。

三、商品描述的设计原则

商品描述设计的好坏直接影响商品的销量。在商品描述中，上半部分主要说明商品的价值，后半部分主要培养消费者的信任感。下面就商品描述的设计原则进行介绍。

（一）遵循逻辑性

在制作商品描述时应遵循一定的顺序。例如，服装类店铺可首先展示关联推荐或单品海报，其次展示商品卖点、商品参数、商品实拍、商品细节等内容，最后展示物流与售后。每个店铺的情况不同，可根据各店铺的具体要求，添加一些其他内容，达到层层递进的效果。

（二）营造亲切感

在现实生活中，与人相处的第一印象很重要，有人会给你亲切的感觉，有人会给你难以接近的感觉，毋庸置疑，我们更喜欢与亲切的人做朋友。那么设计与制作商品描述也一样，在制作前先要了解商品针对的人群特性，根据目标消费人群特性制定文案风格。例如，儿童用品常采用活泼可爱的风格。

（三）保持真实性

网上购物最重要的是得到消费者的信任，该信任需建立在消费者对店铺商品的了解上，所以要在强调商品真实性的前提下，尽量多角度、全方位地展现商品原貌，减少客服人员的工作量，提高消费者自主购物的概率。

（四）营造氛围感

并不是所有消费者浏览网店都目的明确，部分消费者可能只是随意浏览，没有真正需要购买的商品。这部分消费者比较喜欢购物的氛围，当进入商品详情页后，具有吸引力的单品海报、完整的商品展示图以及优惠的促销信息，都会使消费者产生心动的感觉，从而促进购买。

（五）体现专业性

在设计与制作商品描述时，必须体现出专业性，可从侧面烘托商品的优势，并给予较为专业和有力的市场行情对比。专业的商品描述可以更好地指引消费者购物。例如，卖羊毛衫的店铺可以针对真羊毛和假羊毛在质感、颜色上的区别进行专业叙述，让消费者在选购时可以直观地获得专业的解释。

（六）凸显品牌重要性

随着生活水平的不断提高，消费者对商品品质的要求变得越来越高，对品牌的认知程度也越来越高，所以卖家在设计与制作商品描述时，要通过品牌文化，反映出企业对商品质量的重视，并通过品牌文化树立消费者对商品质量的信心。

任务实施

任务背景：

连衣裙详情页内容规划完成之后，需要完成对应的商品描述的设计与制作。商品描述作为商品对外的传播展示内容，直接影响着商品的转化率。于杨决定继续针对选定的三款单品，分析其商品描述部分的构成要素，明确连衣裙商品描述的展示要点，并完成制作（相关资料见Abook资源）。

任务要求：

1. 分析三款单品的商品描述的构成要素。
2. 根据网店商品运营策略，结合消费者购买心理，明确商品描述的展示要点，并完成制作。

任务分析：

商品描述是所有营销的落脚点，承担着引导消费者下单的职责。制作之前，可以对同行业优秀的商品描述进行分析，分析其构成要素及具体的展示要点。制作时，首先需要根据消费者的心理特征，合理选择构成要素并布局各要素的位置和内容，达到层层深入、层层递进的效果，更好地引导消费者下单。其次，商品描述要对商品进行全方位的展示，强调商品的真实性、专业性等。商品卖点是商品描述设计的重点，需精简文字，提升阅读性，可通过商品的功能或品质、成分或原料、包装或设计、消费者画像等方面设计商品卖点。

任务操作：

任务操作1：对三款单品的商品描述进行分析，从上至下分析其构成要素，填写表4-5。

表4-5　三款单品的商品描述构成要素分析

构成要素	具体构成要素分析		
	单品1：	单品2：	单品3：

任务操作2：综合分析结果，从上至下确定连衣裙商品描述的构成要素，分析对应的设计要点并完成制作，填写表4-6。

表4-6　连衣裙商品描述构成要素分析

序号	构成要素	设计要点

任务评价

评价项目	评价标准	评价结果			
		优	良	中	差
商品描述设计与制作	准确分析给定的商品描述所选用的构成要素				
	图文结合，风格统一，色彩搭配合理				
	包含商品的属性信息				
	包含商品的卖点				
	包含商品的细节				
	包含物流与售后信息				
	包含商品的适用人群				

任务拓展

在设计与制作商品描述时，需要考虑消费者的逻辑思维。通过突出商品卖点，对商品图片和商品信息进行精心的设计排版，使商品描述更加美观，从而更具吸引力。请结合化妆品行业某企业的商品描述制作需求，完成商品描述的设计与制作（具体资料见Abook资源）。

任务四 商品视频设计与制作

任务描述

网购和实体店购物最大的不同之处就是消费者不能真实地接触商品，只能依靠卖家展示的商品信息和已购买过商品的买家所做的评论来判断商品的质量，然后决定是否购买。商品视频能够将商品卖点与特色完整呈现出来，进一步激发消费者的购买欲望。无论是提高整个店铺的浏览量，还是提升转化率，商品视频都能起到很大的推动作用。

本任务的主要工作内容：

1. 了解商品视频的作用及分类。
2. 明确商品视频呈现的内容。
3. 完成商品视频的剪辑与上传。

任务准备

一、商品视频的作用

商品视频可以帮助卖家全方位地宣传商品，它替代了传统的图文表达形式，虽然只有短短的十几秒或几十秒的时间，却能让消费者非常直观地了解商品的基本信息和设计亮点，多感官体验商品，从而节约消费者进行咨询的时间，有助于让消费者快速下单。商品视频的主要作用如下：

（一）增强视听刺激，激发购买欲

商品视频是以影音结合的方式，用最小的篇幅和最短的时间将商品的重要信息完美地呈现出来，通过增强视听刺激来激发消费者的购买欲。

（二）多方位、多角度地展示商品细节

店铺通过视频来展示商品，可以真实地再现商品的外观、使用方法和使用效果等，比单纯的图片和文字更加令人信服，能够多方位、多角度地展示商品的细节特征。

（三）提供贴心、专业的服务

商品视频除了可以展示商品信息，还可以展示商品的使用方法与相关注意事项等，也作为售后服务的资料提供给消费者，这样既解决了消费者使用商品时遇到的问题，又能让消费者感觉到卖家贴心、专业的服务，从而提升消费者对店铺的满意度和忠诚度。

（四）提高店铺商品转化率

商品转化率通常是指浏览店铺并产生购买行为的人数与浏览店铺的总人数之间的比值。作为一种重要的商品展示形式，商品视频能够有效地推广商品，达到提高商品转化率的目的。前面所讲的商品视频可以增强视听刺激，多方位、多角度地展示商品细节，提供贴心、专业的服务等，其实都是为提高商品转化率服务的。

博文约礼

某电商平台商品视频内容规范和制作要求

不同平台对于商品视频的内容要求是不同的，以下为某电商平台商品视频内容规范和制作要求：

1. 商品视频内容基础规范

（1）视频内容不能违反影视行业相关法律法规和条例。

（2）视频中不得出现下列信息：

① 危害国家安全、破坏政治与社会稳定的信息。

② 淫秽色情等低俗信息，渲染低级趣味等庸俗、媚俗信息。

③ 违背社会道德、宣扬消极观念、给社会带来不良影响的信息。

④ 发布损害消费者或平台利益的信息。

2. 商品视频内容制作基本要求

（1）视频要求无水印（包括拍摄工具和剪辑工具标识等）、无二维码、无片头片尾、无商家标识、无“牛皮癣”广告、无外部网站及店铺标识。

（2）视频必须与商品相关。例如，服装视频需要展示这款衣服的材质、板型、细节设计、面料、质量及模特上身效果等。

（3）视频整体节奏明快，画面明亮清新，不夸大商品效果。

二、商品视频的类型

根据视频内容不同，可以将商品视频分为展示型视频、内容型视频和教学型视频。

（一）展示型视频

该类视频以商品展示为主，旨在全方位、多角度地展示商品的特点和优势，从而为消费者提供直观、真实的购物体验。开箱视频作为展示型视频中的一种，由于其能满足人们的猎奇心理，逐渐受到越来越多消费者的喜爱。为了保证消费者体验的完整性，开箱视频中不仅要有商品使用者开箱的过程，还要有开箱过后的商品体验和说明过程，从而让消费者更深入地了解商品，做出明智的购买决策。

（二）内容型视频

内容型视频也称为创意型视频或叙事型视频，主要目的是通过视频内容传达情感、故事或创意，具体视频内容可以是网店故事、品牌故事、创意广告等。这类视频具有情节的起伏和连贯性，通常注重画面质量、音乐、特效等元素的呈现。制作讲故事、有情节的视频时，应多尝试拍摄竖版视频。竖版视频更能突出视频主体，使视频中的情节与消费者的情感沟通更顺畅，显得更加亲近，且消费者观看时不需要翻转手机，符合大众的浏览习惯。

（三）教学型视频

教学型视频是一种以传播知识、技能或信息为目的，通过影像、声音、文字等多媒体形式，将知识传递给受众的视频类型。教学型视频的特点是针对性强、实用性强、画面简洁明了、内容系统全面。网店发布教学型视频，教学不是首要目的，激发兴趣才是首要目的。因此，制作此类视频时，内容应清晰易懂，语速适中，语言简练，让消费者能够轻松理解视频内容，特别是要将重点文字放在画面醒目的地方，多次反复出现，达到强化记忆的作用。

三、商品视频的设计要点

设计商品视频时，需要明确目标消费群体，突出商品属性，精简展现内容，这样才能吸引消费者的注意力，提高商品的知名度和销量。

（一）商品主图视频的设计要点

商品主图视频是在商品主图位置展示的视频，以影音形式动态地呈现商品信息，可以让商品的展示更加生动灵活，能够在较短的时间内有效地提升消费者对商品的认知与了解，吸引消费者的眼球，促使其做出购买决定。通常，商品主图视频主要有以下几个设计要点：

1. 明确目标消费群体

在制作商品主图视频时，要明确目标消费群体，了解其兴趣、需求和购买习惯，从而确定视频内容和风格。例如，如果目标消费群体是年轻人，那么视频内容应该活泼、时尚，使用流行音乐；如果目标消费群体是专业人士，那么视频内容应该简洁、精准，突出商品的品质和特点。

2. 突出商品属性

商品主图视频的核心目的是展示商品的特点和优势，因此要重点突出商品的属性。例如，服装商品视频要关注其材质、颜色、款式等方面，家电商品视频要关注其性能、功能、节能等方面，通过展示商品的独特属性，吸引消费者的注意力。

3. 精简展现内容

商品主图视频的时间一般都比较短，因此要尽量精简视频内容，突出重点。视频开头可以通过简短的描述引入主题，然后进入商品展示环节。同时，要注意视频画面清晰、流畅，避免过多的特效和背景音乐，以免喧宾夺主。

（二）商品描述视频的设计要点

在网店视觉设计和制作中，除了商品主图位置可以添加视频，商品描述位置也可以添加视频。与商品主图视频的作用不同，商品描述视频侧重于展示商品的细节、材质、用法等，对商品主图视频缺少信息进行补充，呈现更完整的商品信息。通常，商品描述视频主要有以下几个设计要点：

1. 选好展示角度和方式

在商品描述视频中展示商品细节时，需要选取合适的角度和方式来展示商品的特点和优势。例如，可以通过近距离拍摄、多角度切换、放大镜头等方式来展示商品的材料、工艺、设计等方面的细节。

2. 强调商品细节

为了让消费者更好地看到并理解商品细节信息，可以通过配以文字、声音等内容来强调商品的细节。

3. 注重视频质量

保证视频画面清晰、稳定、有质感，时长控制在1分钟左右，同时避免使用过多的特效和背景音乐，以免分散消费者的注意力。

4. 强调品牌和信誉

在商品描述视频中，可以通过展示品牌标志、商标和获奖情况等方式，强调品牌的实力和信誉，增强目标消费群体对商品的信任感。

手机拍摄短视频的方法

任务实施

任务背景：

通过对市面上的其他同类商品进行分析对比，于杨发现大多数商品都添加了主图视频。对此，他决定为即将上架的新品连衣裙添加主图视频，首先针对选定的三款单品的主图视频内容进行分析，然后明确连衣裙主图视频的展示内容，并完成制作（相关资料见Abook资源）。

任务要求：

1. 对三款单品的主图视频内容进行分析。

2. 根据商品特点，结合消费者购买心理特征，明确连衣裙主图视频的展示内容并完成制作。

任务分析：

由于商品主图是消费者进入商品详情页的第一视觉区，所以主图的呈现效果在整个商品详情页中显得尤为重要。在进行商品主图视频制作时，首先要根据行业及商品特点进行选择，确定视频展示内容。例如，服饰类商品可以将视频内容确定为模特试穿、上新变装等。在视频制作过程中还可以根据画面内容添加相关背景音乐等。同时，要根据拍摄时长调整镜头节奏、画面内容等制作要点。

任务操作：

任务操作1：从内容类型、内容描述、视频时长方面对三款单品的主图视频内容进行分析，填写表4-7。

表4-7　三款单品的主图视频内容分析

项目	单品名称		
	单品1：	单品2：	单品3：
内容类型			
内容描述			
视频时长			

任务操作2：综合分析结果，从制作规范、展示内容方面明确连衣裙主图视频的要求并完成制作，填写表4-8。

表4-8　连衣裙主图视频要求

项目		具体要求
制作规范	视频尺寸	
	视频时长	
	视频大小	
	视频格式	
	视频清晰度	
	其他要求	
展示内容	内容类型	
	内容描述	
	制作要点	

任务评价

评价项目	评价标准	评价结果			
		优	良	中	差
商品视频设计与制作	对给定的商品主图视频内容进行准确分析				
	视频尺寸、时长、大小、格式等符合要求				
	视频画面及声音内容完整、清晰				
	商品展示全面，卖点突出，重点信息突出展示				
	镜头节奏合理，衔接自然、流畅				
	视频内容主题突出，有创意，视觉效果好				

任务拓展

制作商品主图视频时，要根据商品特点，结合消费者购物心理，策划商品主图视频内容。请结合服装商品主图视频的制作方法，策划商品主图视频内容，利用视频剪辑模板，完成商品主图视频的设计与制作（具体资料见Abook资源）。

同步测评

1+X网店运营推广职业技能等级证书（初级）的网店装修工作领域主要包括首页设计与制作、详情页设计与制作、自定义页设计与制作三项工作任务。其中，详情页设计与制作与本项目内容高度契合。以下为1+X网店运营推广职业技能等级证书（初级）中关于详情页设计与制作的相关标准：

1. 能根据网店及商品定位，分析目标消费者消费心理，对商品详情页的视觉营销逻辑进行设计，提高商品转化率。

2. 能根据商品信息，提炼商品卖点，撰写营销文案，激发消费者购买欲望并引导下单。

3. 能遵守电子商务相关法律法规及广告内容准则，根据商品主图设计规范，结合网店营销需求，设计并制作商品主图，提高商品点击率。

4. 能遵守电子商务相关法律法规及广告内容准则，根据商品及目标消费者定位，设计并制作商品描述图片，全面展示商品信息及卖点。

一、单项选择题

1. 以下不属于商品描述设计要点的是（　　）。

A. 关联推荐设计要点　　B. 商品推广方式设计要点

C. 商品实拍展示设计要点　　D. 商品细节展示设计要点

2. 以下属于热卖单品详情页设计思路的是（　　）。

A. 突出差异化优势　　B. 突出活动力度

C. 运用各类营销方式　　D. 突出商品的热销盛况

3. 以下关于商品主图设计规范描述不正确的是（　　）。

A. 要满足平台的基本要求

B. 商品主图尺寸不符合平台要求可能会导致出现变形拉伸、黑色边缘等情况

C. 商品主图的背景应符合商品卖点

D. 商品主图的背景颜色应根据商品的特点进行选择

4. 以下属于商品描述视频重点展示内容的是（　　）。

A. 售后服务　　B. 商品细节

C. 使用场景　　D. 物流展示

5. 商品描述的设计原则不包括（　　）。

A. 遵循逻辑性　　B. 保持真实性

C. 具有相似性　　D. 凸显品牌重要性

二、多项选择题

1. 以下属于单品海报设计目的的有（　　　）。

A. 明确商品展示信息　　B. 突出商品优势

C. 信息传递，呈现商品参数　　D. 关联商品，提高商品转化率

2. 商品详情页的作用包括（　　　）等。

A. 商品的说明书　　B. 延长页面停留时间

C. 提高转化率　　D. 提升客单价

3. 商品详情页的构成要素包括（　　　）。

A. 商品图片　　B. 商品视频

C. 商品参数　　D. 商品详情

4. 移动端商品详情页的布局要点包括（　　　）等。

A. 避免消费者阅读疲劳——商品描述

B. 增加消费者购买欲望——促销活动

C. 加深消费者对商品的信任——实际案例

D. 增加客单价——搭配推荐

5. 商品主图的设计形式主要包括（　　　）。

A. 展示全貌　　B. 场景设计

C. 拼接设计　　D. 卖点设计

三、判断题

1. 商品详情页是详细介绍商品信息的页面，是影响商品是否成交的关键页面。（　　）

2. 商品主图视频的核心目的是展示商品的特点和优势，制作时需重点突出商品的属性。（　　）

3. 商品主图的质量影响商品在商品搜索页中的排序。（　　）

4. 商品主图的基本要求是能够展示商品的全貌、图片清晰且不能有杂乱的背景。（　　）

5. 关联推荐一般位于商品描述的顶端，放置的商品与详情页介绍的商品有一定的关联，可以是同类商品，也可以是相关商品。（　　）

四、技能操作题

任务背景：

在促销商品时，将促销信息添加到商品主图中可以有效提高点击率，提升

转化率。商品描述作为商品对外的传播展示内容，直接影响着商品的转化率。对此，韩琦决定通过平台营销活动，为两款活动商品（单肩包、手拿包）分别制作商品主图及商品描述，借助活动氛围最大限度地提升商品转化率（相关资料见Abook资源）。

任务要求：

1. 根据网店运营策略，结合商品主图的设计要求，规划其展示内容，并完成制作。

2. 根据网店运营策略，结合消费者购买心理，明确商品描述的展示要点，并完成制作。

5

项目五

广告图视觉设计与制作

学习目标

知识目标

- 了解活动图的类型
- 了解推广图的类型
- 了解直播图的类型
- 掌握活动图的设计要点
- 掌握推广图的设计要点
- 掌握直播图的设计要点

技能目标

- 能够根据网店营销需求，结合活动图的类型及设计要点，完成活动图设计与制作
- 能够根据网店营销需求，结合推广图的类型及设计要点，完成推广图设计与制作
- 能够根据网店营销需求，结合直播图的类型及设计要点，完成直播图设计与制作

素养目标

- 树立合法合规宣传的意识，注重广告宣传的真实性
- 培养依法经营、诚实守信、公平竞争的意识

学习导图

活动图设计与制作	→	推广图设计与制作	→	直播图设计与制作
活动图的类型 活动图的设计要点		推广图的类型 推广图的设计要点		直播图的类型 直播图的设计要点

案例导入

直播图视觉设计剖析

某品牌直播图（见图5-1）采用上下构图的布局方式，上半部分展示直播的主要信息，如直播活动“新茶上市”、直播主题“茗茶优选　为家人选一杯好茶”、直播间名称“茗茶优选直播间”、直播时间“5月1日晚20:00”等，通过此部分将直播的信息传递给消费者；下半部分是直播图的视觉部分，通过干净、清澈的茶汤凸显茶叶的品质，同时利用茶园实景展示茶树的生长环境，通过优美的自然风景激发消费者的兴趣。

在设计直播图时，可以从信息层与视觉层两个方面出发，需要做到信息传递准确、视觉效果美观，在吸引消费者目光的同时将直播信息传递给消费者。

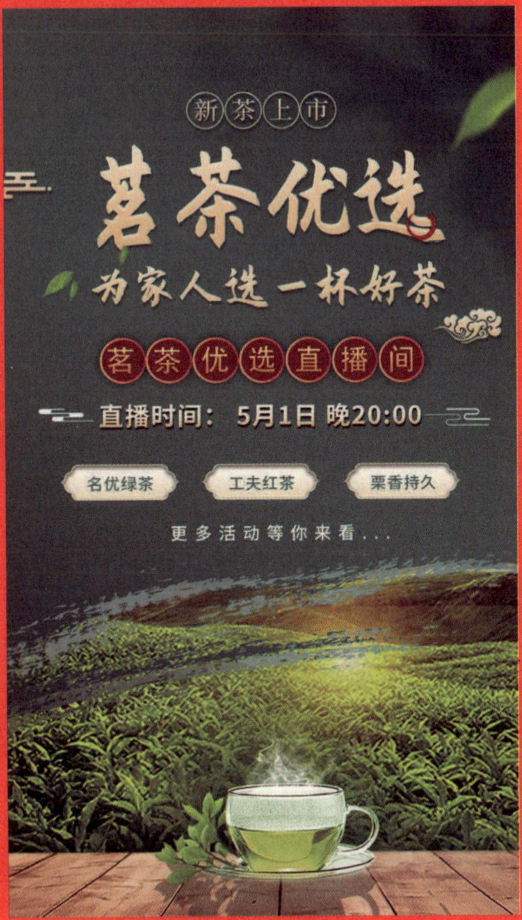

▲图5-1　某品牌直播图

任务一 活动图设计与制作

任务描述

对于网店运营来说，吸引消费者的注意力和传达促销优惠信息是关键环节，这有助于提高品牌知名度。网店运营中常见的品牌营销手段包括开展会员营销活动、发放优惠券等。为了让网店活动脱颖而出，争取到更多的点击量，网店需要设计与制作活动图。在设计活动图时，要站在消费者的角度思考问题，既要准确表达出活动的内涵和意义，又要从消费者的心理需求出发，把能够吸引消费者眼球的设计元素体现在图片中，达到迅速传播的效果。

本任务的主要工作内容：

1. 了解活动图的类型。
2. 完成活动图的设计与制作。

任务准备

网购市场竞争激烈，促销活动是网店重要的营销手段之一。促销活动的形式多种多样，然而不论采用哪种促销方式，首先需要将店铺的促销活动信息传达给消费者，引导他们参与其中，而告知消费者信息最直接的方式就是通过网店视觉设计。在促销时，需要将促销信息通过活动图的形式置于店铺首页或商品详情页醒目的位置进行展示。因为在活动期间，很多消费者都是被促销信息吸引来的，对价格、优惠等信息非常敏感。网店活动图的主要作用就是吸引消费者的眼球，提高网店的点击率，促进商品的销售。

一、活动图的类型

（一）优惠券图

优惠券是常用的一种促销推广形式，也是吸引消费者进店消费的重要促销手段。卖家发放优惠券不仅能提升与老客户之间的黏度，促使他们再次消费，对新客户而言也是一种比较有吸引力的促销方式，可以激起他们的购买欲望。优惠券需要消费者主动点击领取，领取行为说明消费者有使用优惠券的可能，因此对优惠券图进行个性化的设计是很有必要的，可根据不同的促销活动设计不同类型的优惠券。

目前，店铺优惠券和商品优惠券是比较常见的两种优惠券类型，它们虽然有相同的设计元素，却又各具特色，展现不一样的促销点。

1. 店铺优惠券图

通常来说，店铺优惠券是卖家发放的一种可以在店铺内通用的优惠券，消费者使用它可购买店铺的任意商品。订单达到优惠券规定的最低使用条件，即可抵扣相应面额。图5-2所示为店铺优惠券图，其设计比较丰富，一是颜色的对比恰到好处，有力突出了不同的优惠方式；二是优惠券的金额设计显眼，容易引起消费者的关注，整体设计体现了优惠券的功能，同时兼具美观性。

2. 商品优惠券图

商品优惠券是针对某款或部分商品的优惠券。卖家在打造爆款商品时，可能需要主推一两种爆款商品，这时就可以通过商品优惠券的形式来策划活动。商品优惠券一般会通过特定的渠道发放给有浏览店铺、收藏商品、加购物车、下订单等行为的消费者。其受众比较明确，优惠信息展示简洁明了，能够给消费者带来舒适的视觉感受，图5-3所示为商品优惠券图。

（二）会员营销图

互联网带来的技术革新让越来越多的消费者愿意通过付费方式获得优质的内容和服务，会员营销属于精细化、差异化的营销。对于网店和品牌来说，在新客红利殆尽之时，想要持续盈利，会员营销不失为一种行之有效的营销策略。

会员营销需求的设计体系及推导思路，决定了视觉营销图片的设计原则和风格调性。在会员营销活动中，会员营销图的设计至关重要，需要包含各种利益和特权的引导，如图5-4所示。在设计会员营销图时，可以通过对消费者心理特征和权益内容的设计，让消费者感受到店铺会员的价值，并在第一时间快速获取供需匹配；通过会员生命周期权益感知和等级晋升链路触达的设计，促进消费者入会后产生更强的交易意愿，提升会员忠诚度，形成对店铺的长期价值。

会员营销的作用

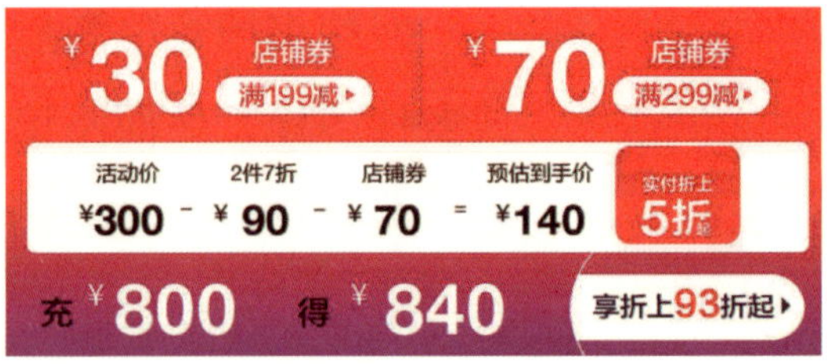

▲图5-2　店铺优惠券图

▲图5-3　商品优惠券图

▲图5-4　会员营销图

二、活动图的设计要点

（一）优惠券图的设计要点

优惠券图片设计内容与原则

设计优惠券图时需要以直观的形式将优惠面额、使用门槛等相关信息传达给消费者，从而更好地开展促销活动并吸引消费者购买。以下为优惠券图的设计要点：

1. 顺序安排要合理

设计制作多张优惠券图时，需要考虑优惠券的顺序。一般来说，优惠券的顺序是按门槛高低排列的。绝大多数情况下，卖家会将低门槛券放置在前面，门槛相对较高的券放在中间，无门槛券放在最后，如图5-5所示。

▲图5-5　优惠券的顺序

2. 主要信息要强化

将消费者最关注的信息强化，如将优惠券的金额强化放大，让消费者第一眼就能看到。将消费者第二关注的信息及其他信息缩小，但是要清楚。这样就能让优惠多少金额、按什么条件实施优惠等规则一目了然，如图5-6所示。

3. 整体设计呈个性化

为了配合店铺特色，使优惠活动更具吸引力，并且在店铺页面中更为突出，可以将优惠券设计得具有视觉感、个性化，如图5-7所示。

▲图5-6　强化主要信息

▲图5-7　个性化的优惠券

（二）会员营销图的设计要点

1. 精准化层级区分，提升文案可读性

会员营销图中的文案需要围绕消费者核心价值进行拆解和提炼，为了强化消费者的认知，对会员细分权益内容进行分层梳理，在保障权益完整性的同时更好地进行权益的归类设计表达。除了文案本身的逻辑，在设计会员营销图时需要突出信息的层级对比，将有效信息前置，用颜色和模块区分信息强弱，给消费者明确的视觉出发点与浏览路径，注意各文案模

块的间距最好存在倍数关系，以最小单位4为例，所有的文案间距都能被4所整除，这样视觉重点就会区分开。

2. 具象化视觉元素，营造会员尊享感

黑金配色、皇冠、钻石等是会员营销图中比较常见的具象化视觉元素，可以营造会员的尊享感，便于消费者获得会员身份的感知。强化不同等级权益的设计对比，可使消费者直观地感受到会员身份带来的权益变化。

通常，根据消费者在店铺中消费的金额、次数或累计积分等，可以把会员分成不同的等级，如普通会员、高级会员、贵宾会员、至尊会员，如图5-8所示。在会员营销图中可以将不同等级的会员享受的不同优惠标准进行排列设计，更直观地进行对比，突出各个等级会员的优越性。另外，还可以将会员的特权，如降低价格或加大折扣力度等进行视觉传达，凸显会员比非会员享受更多的特权优惠，体现出会员身份的尊贵性。

尊享服务	普通会员	高级会员	贵宾会员	至尊会员
折扣享受	9.5折	9.5折	9.25折	9折
购物积分	1倍	1倍	1.5倍	2倍
积分兑换	✔	✔	✔	✔
生日特权	/	✔	✔	✔
新品折扣	/	✔	✔	✔
会员日专享	✔	✔	✔	✔

▲图5-8　会员等级

3. 营造娱乐氛围，增加会员参与感

在设计会员营销图时增加一些互动和不确定性，可使消费者切实地参与到活动中来，使消费者享受整个购物的过程，感受购物的快乐。在会员营销图中体现阶梯式积分时，要让消费者感觉到很容易上升一个会员等级，享受到免费礼品或更具吸引力的权益。另外，可在图片中添加老会员带新会员有额外福利的视觉设计。例如，利用福袋、优惠券及其他方式促使老会员带新会员入会，从而扩大店铺的会员群体。

行业洞察

网店活动图设计流程

1. 活动图主题设置

在设计活动图之前要明确主题，主题可以清楚地让消费者知道店铺活动是什么，所以应将主题放在整个图片的第一视觉中心点。主题文案的提炼应该简洁、高效，一屏设计一个主题为最佳。

2. 活动图色彩确定

活动图色彩的选择需要根据活动主题来确定，这样才能吸引消费者。例如，某电商平台常见的活动图颜色为红色、黄色和紫色。当然，卖家也可以根据自己的喜好及商品特点添加一些其他颜色，但要注意色彩搭配需协调。

行业洞察

3. 活动图文案确认

活动图文案是有等级的。一级文案最为醒目，主要用于体现促销主题，如“年中大促”“新品上市”等；二级文案可能要使消费者花两三秒时间才能看清楚具体内容，如“买两件打8折”“买三件打7折”等。三级文案可能需要消费者仔细看才能了解具体的活动内容，如“特定商品满减”“跨店购物满400元减100元”等。当然，不同等级的活动文案适用于不同类型的店铺活动，根据具体的活动内容按需选择即可。

任务实施

任务背景：

为了增加网店的曝光度，吸引更多的消费者，运营部准备策划一场促销活动。活动期间，关注店铺可享三重好礼：新人礼、专属客服（一对一服务）、专属福利（每月福利放送）；在关注店铺基础上加入店铺会员，额外享受丰富权益，可领取不同面额的优惠券，全店商品通用，数量有限，先到先得。对此，于杨需要根据活动要求，完成会员营销图及优惠券图的设计与制作（相关资料见Abook资源）。

任务要求：

1. 根据网店营销活动要求，结合会员营销图的设计要点，完成会员营销图的设计与制作。

2. 根据网店营销活动要求，结合优惠券图的设计要点，完成优惠券图的设计与制作。

任务分析：

活动图的主题要新颖、独特，在视觉上要有很强的刺激度，这样才能吸引消费者的注意力。活动图的参与性要强，要考虑活动的氛围，让消费者感觉机会来之不易，并乐于参与其中，而且要让消费者感受到这是大众的选择，也是正确的选择。活动图设计的折扣力度需要有吸引力，在设计折扣的视觉传达信息时可以考虑将数字放大，以产生更强的视觉冲击力。另外，要体现出热销盛况，可以制造紧张气氛，如使用“数量有限，送完为止”“限时折扣”等文案。

任务操作：

任务操作1：根据网店营销活动要求，结合会员营销图的设计要点及规范，规划会员营销图的展示内容并完成制作，填写表5-1。

表5-1　会员营销图展示内容规划

项目		具体要求
制作规范	图片数量	
	图片尺寸	
	图片格式	
展示内容	色彩搭配	
	字体应用	
	文案设计	

任务操作2：根据网店营销活动要求，结合优惠券图的设计要点及规范，规划优惠券图的展示内容并完成制作，填写表5-2。

表5-2　优惠券图展示内容规划

项目		具体要求
制作规范	图片数量	
	图片尺寸	
	图片格式	
展示内容	色彩搭配	
	字体应用	
	文案设计	

任务评价

评价项目	评价标准	评价结果			
		优	良	中	差
活动图设计与制作	图片布局合理、文案适宜				
	图片清晰，色彩搭配合理				
	能够体现活动主题和营销信息				
	图片展现内容全面、整体风格统一				

任务拓展

请结合化妆品行业某企业的营销活动策略，对活动图的类型及展现内容进行分析与规划，完成活动图的设计与制作（具体资料见Abook资源）。

任务二 推广图设计与制作

任务描述

在网店经营过程中，推广图不仅是商品的宣传工具，也是品牌形象的展示窗口，其在活动宣传、商品推广等过程中扮演着重要的角色。通过设计独特、视觉效果美观、符合品牌形象的推广图，可以帮助网店吸引目标消费者的注意力，传递关键信息，建立品牌形象，引导消费者行动，并最终提高转化率。

本任务的主要工作内容：

1. 了解推广图的类型。
2. 完成推广图的设计与制作。

任务准备

推广图服务于网店的推广与宣传，一张好的推广图就像店铺的名片，主要目的在于吸引消费者并引导消费者进入店铺。它往往由漂亮的图片、精致的文字以及精巧的设计组成，能够将固定的文字以灵动的图像形式展现出来，不仅可以简洁迅速地向消费者传达店铺的主营商品、店铺活动等具象信息，也能轻松驾驭企业文化、店铺理念等抽象信息，因此推广图的使用非常灵活，不仅可以在店铺进行付费推广时上传使用，也可以在日常放置于店铺首页中，还可以在站外分享，如分享到微博、抖音等平台。一张优秀的推广图对于卖家来说非常重要，它能够使推广效用明显增加。

一、推广图的类型

（一）搜索引擎付费推广图

搜索引擎付费推广是电商平台常见的推广方式，是为卖家量身定制的一种付费推广方式，也是按点击付费的一种营销工具，它能实现商品的精准推广。通过搜索引擎付费推广，不仅可以提高商品的曝光率，还可以有效增加商品的点击率，吸引更多的消费者。

搜索引擎付费推广图主要包括两种类型：一种是最常见的单品搜索引擎付费推广图，即针对单品推广的搜索引擎付费主图；另一种是店铺搜索引擎付费推广图。这两种搜索引擎付费推广图的意义及作用是不一样的。单品搜索引擎付费推广图侧重于单个商品的信息或销售诉求传递，以销售转化为最终目的；店铺搜索引擎付费推广图侧重于品牌传递，通过集中引入流量到店内再进行分流的方式，实现流量价值的最大化。店铺搜索引擎付费推广图一般会以整店促销或类目商品专场的方式呈现。

1. 单品搜索引擎付费推广图

在制作单品搜索引擎付费推广图之前，需要对商品的核心关键词进行竞品分析。通过关键词或类目搜索，找到展现商品的搜索引擎付费推广区域，对该区域竞争对手商品图的构图、用色、文案及商品素材等进行分析，然后进行差异化设计，这样可以避免与竞争对手的搜索引擎付费推广图雷同，同时突出商品特色，从而提高点击率。图5-9所示为化妆品搜索引擎付费推广图。

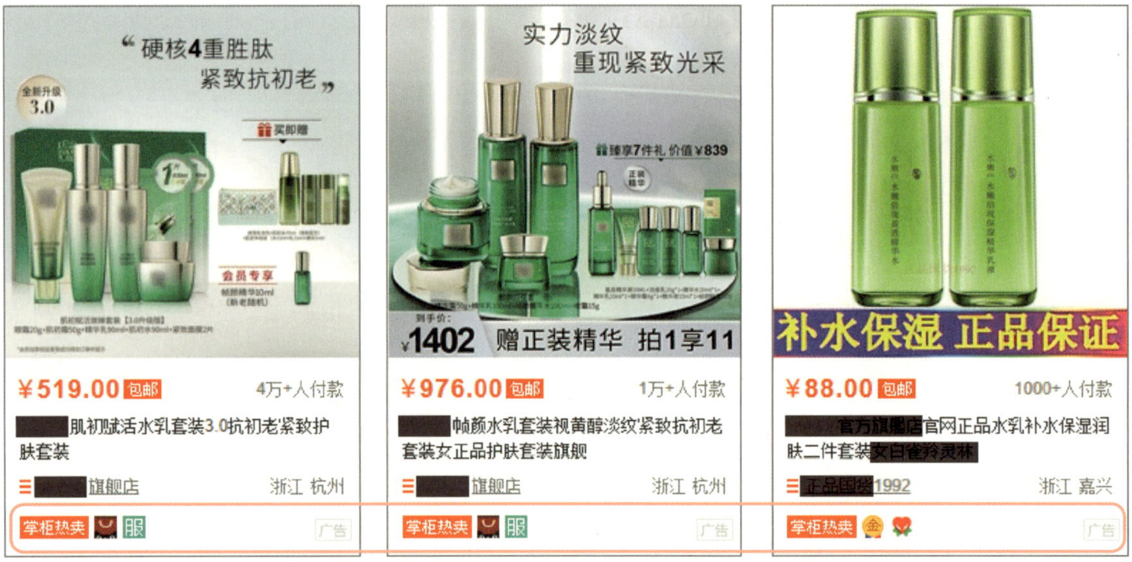

▲图5-9 化妆品搜索引擎付费推广图

2. 店铺搜索引擎付费推广图

店铺推广是搜索引擎付费推广方式之一，其主要特点是通过推广一个导航页面、商品集合页等来推广更多的商品，即将流量引入目标页面，然后通过页面内展示的商品导航到达各个商品详情页。在设计店铺搜索引擎付费推广图时，应该选择店内人气较高的商品来提升搜索引擎付费推广图的点击率，使更多的目标消费者进入店铺。

（二）推荐引擎推广图

推荐引擎推广是某电商平台广告位竞价投放方式，依靠图片创意吸引消费者点击，获取流量。推荐引擎推广图的好坏直接决定了推荐引擎推广投放效果的好坏。

1. 官方活动推荐引擎推广图

官方活动推荐引擎推广图是用于宣传和推广电商平台官方活动的图片，通常包含活动的主题、优惠信息、官方品牌标识等关键元素，以吸引消费者的注意力并引导其参与活动。推广图的设计需要兼顾美观和实用性，以便有效地传达活动信息并激发消费者的兴趣。

2. 店铺活动推荐引擎推广图

店铺活动推荐引擎推广图是为店铺的特定活动设计的推广图，其目的是吸引消费者关注并参与店铺的活动。该推广图通常会展示活动的主题、优惠详情、店铺品牌形象等关键信息，运用色彩、字体、图片等元素，使其在视觉上更具有吸引力。通过这类推广图，能够增加店铺活动的曝光度，提高消费者的参与度，增强购买意愿，进而促进销售和提升品牌知名度。

3. 其他活动推荐引擎推广图

其他活动推荐引擎推广图是针对不同类型和主题的活动所设计的推广图。这类推广图要根据具体活动的需求和目标消费者的喜好来进行设计，确保设计简洁明了，信息准确完整，并突出活动的独特卖点和价值，其目的也是吸引消费者的注意力，以最大限度地吸引消费者的关注和参与。

博文约礼

虚假宣传不可取

随着电子商务行业的蓬勃发展，电商经营竞争越来越激烈，为了使自己的商品能够“突出重围”，不少卖家在设计创意广告图时都会重点突出自身商品在性能、功效、质量等方面的优越性。在这个过程中，部分卖家往往会不自觉地夸大宣传或者无中生有，这样就构成了虚假宣传。

2022年4月14日，某电子商务有限公司因销售的护理乳宣传有“专利配方”，但当事人无法提供专利认证的证明材料，与宣传不符，对消费者购买商品造成误导，被市场监督管理局没收违法所得并罚款5 000元。

《中华人民共和国广告法》规定：广告以虚假或者引人误解的内容欺骗、误导消费者的，构成虚假广告。

广告有下列情形之一的，为虚假广告：

（1）商品或者服务不存在的。

（2）商品的性能、功能、产地、用途、质量、规格、成分、价格、生产者、有效期限、销售状况、曾获荣誉等信息，或者服务的内容、提供者、形式、质量、价格、销售状况、曾获荣誉等信息，以及与商品或者服务有关的允诺等信息与实际情况不符，对购买行为有实质性影响的。

（3）使用虚构、伪造或者无法验证的科研成果、统计资料、调查结果、文摘、引用语等信息作证明材料的。

（4）虚构使用商品或者接受服务的效果的。

（5）以虚假或者引人误解的内容欺骗、误导消费者的其他情形。

二、推广图的设计要点

（一）搜索引擎付费推广图的设计要点

1. 设计定位明确

通常情况下，搜索引擎付费推广图视觉设计最重要的部分是商品首图设计。首先，根据搜索引擎付费推广的投放计划来确定商品推广所要投放的位置，这样能够更加方便地对欲推广商品的周边商品进行分析，使得推广图在设计上突出亮点，引起消费者的注意；其次，要确定该商品的目标消费者，通过分析目标消费者的喜好、消费能力和生活习惯等因素来确定设计的风格、颜色以及促销活动的方式等，使其更容易地被消费者接受；最后，商品展示定位要聚焦，尽量突出商品的主要优势，达到吸引消费者的目的。

2. 重点展现商品卖点

确定搜索引擎付费推广图的定位之后，需要完成搜索引擎付费推广图的制作。在制作时，需将商品的卖点重点突出展现，并且图片整体要保持较高的清晰度，如图5-10所示。

▲图5-10　重点展现商品卖点

3. 突出商品与背景的色彩差异

如果一个商品的颜色与背景色相同或相近，很容易使商品的辨识度降低，同时也很难让消费者将注意力集中于商品本身。因此，在设计搜索引擎付费推广图时要选择合适的背景色，或者尽量在拍摄中使用与商品本身色彩差异较大的颜色，但不要使背景颜色过于复杂，否则很容易使商品图在整个搜索引擎付费推广图中的主导地位受到影响，如图5-11所示。

▲图5-11　突出商品与背景色彩差异

4. 将商品置于重要位置

在制作搜索引擎付费推广图时要结合消费者的浏览习惯。一般来说，消费者的浏览顺序都是先左后右、先上后下、先图片后文字，如果调换顺序，很容易使消费者浏览时感觉不适应。在制作搜索引擎付费推广图时，不要让大量的文字覆盖商品，保证商品与文字或者素材之间的间距，以完整展示商品。另外，合理的商品搭配更容易吸引消费者的注意力。在展示商品时可以通过其他商品来凸显主推商品，但是一定要区分商品的主次关系，作为“主角”的商品要占到图片面积的2/3，这样才能让消费者很好地区别商品，避免造成误解。

5. 保持图片清晰

具有高清晰度是作为搜索引擎付费推广图最重要的也是最基本的要求，清晰的图片能够让人感受到商品的质感，所以在设计与制作搜索引擎付费推广图时，对于比较暗或比较模糊的图片可以适当优化，使图片变得清晰。

6. 文字排版统一

制作搜索引擎付费推广图时切忌排版混乱。杂乱的文本不仅会使图片显得杂乱不堪，而且很容易引起消费者阅读的不适感。搜索引擎付费推广图的文字设计需要整齐、统一，整齐是指图中文字都居左或者居右排列，统一是指字体、颜色、样式、行距等统一。当然，如遇特殊情况或者进行个性化设计，也可适当调整，重点内容可以通过改变字体大小或颜色来体现。

（二）推荐引擎推广图的设计要点

1. 突出主体

推荐引擎推广图的主体不一定都是商品，也可以是创意方案或消费者诉求。图片中突出主体，能够吸引更多的消费者点击。在推荐引擎推广图上放置商品，并不是越多就越好，如果放置多款商品，需要合理调整模特或商品的大小，否则会导致主要推广的商品被忽略掉。所以建议一张推广图只放置一个主体，把核心卖点、特色等重点展示出来，如图5-12所示。

2. 目标明确

各大电商平台充斥着各种各样的促销信息，网店在投放推荐引擎推广时需要有明确的目标，如通过推荐引擎推广上架新品、为店铺引流、为大型活动预热，以及进行品牌形象的宣传等。因此，要在推广目标明确的前提下制作推荐引擎推广图，针对推广目标进行素材的选择和设计，这样才能保证点击率与转化率，如图5-13所示。一般来说，如果推广目标明确，结合有吸引力的文案的推荐引擎推广图，可以达到良好的推广效果。

▲图5-12　突出主体

▲图5-13　目标明确

3. 突出文案

推荐引擎推广图是需要用文案展现主题信息的。在展现信息的文案中，消费者比较敏感的就是数字。设计推荐引擎推广图用到数字时，一般越精确越好，这样不仅可以增加消费者的信任感，还可以有效增加点击率。另外，视觉化文案需要将突出主题的字体适当放大，如“清仓大促”“限量抢购”等，且每一行的字数不能太多。如图5-14所示，通过“满99减30”“优惠即将结束”等文案，结合进度条营造“抢”的氛围，凸显商品热销程度。

▲图5-14　突出文案

任务实施

任务背景：

网店开业之际，为了更好地配合平台的“风尚节”活动。运营部打算借势将连衣裙、T恤两款商品打造成爆款商品，并通过搜索引擎付费推广、推荐引擎推广的形式进行推广。对此，于杨需要根据营销需求及推广需求分别设计并制作一张搜索引擎付费推广图和一张推荐引擎推广图（相关资料见Abook资源）。

任务要求：

1. 根据网店推广需求，结合搜索引擎付费推广图的设计要点，完成搜索引擎付费推广图的设计与制作。

2. 根据网店推广需求，结合推荐引擎推广图的设计要点，完成推荐引擎推广图的设计与制作。

任务分析：

搜索引擎付费推广图不仅要展示商品的亮点，还要展示商品的价格，并明确告诉消费者商品的基本信息。同时，可以适当使用文字信息来突出商品的功能、卖点等，使其对消费者更具吸引力。一张优秀的推荐引擎推广图，不仅能在一个好资源位的基础上锦上添花，吸引消费者点击，还能给消费者传达良好的品牌形象。如果推荐引擎推广的目的是进行单品推广，文案需先突出商品的卖点，然后展示促销信息。推广图的字体、颜色最好不要超出三种。

任务操作：

任务操作1：根据网店推广需求，结合搜索引擎付费推广图的设计要点，规划搜索引擎付费推广图的展示内容并完成制作，填写表5-3。

表5-3　搜索引擎付费推广图展示内容规划

项目		具体要求
制作规范	图片数量	
	图片尺寸	
	图片格式	
展示内容	推广元素	
	设计风格及调性	
	目标群体	
	色彩搭配	
	字体应用	
	文案设计	
	排版布局	

任务操作2：根据网店推广需求，结合推荐引擎推广图的设计要点，规划推荐引擎推广图的展示内容并完成制作，填写表5-4。

表5-4　推荐引擎推广图展示内容规划

项目		具体要求
制作规范	图片数量	
	图片尺寸	
	图片格式	
展示内容	推广元素	
	设计风格及调性	
	目标群体	
	色彩搭配	

续表

项目		具体要求
展示内容	字体应用	
	文案设计	
	排版布局	

任务评价

评价项目	评价标准	评价结果			
		优	良	中	差
推广图设计与制作	推广图数量、尺寸、格式等符合要求				
	推广图布局合理，色彩搭配协调				
	推广图卖点突出，具有营销导向				

任务拓展

行业不同，商品定位不同，目标消费群体不同，网店推广策略就不同。请结合箱包行业某企业的推广策略，对推广图片的类型及展现内容进行分析与规划，完成推广图的设计与制作（具体资料见Abook资源）。

任务三 直播图设计与制作

任务描述

随着网络直播的普及，越来越多的卖家选择通过直播带货来提升店铺的销量。直播带货需要提前做好预热和推广，其关系到观看直播的消费者数量，影响店铺的人气和直播热度。现在各种直播层出不穷，想要快速地找到精准消费者，需要吸引眼球、有创意的直播图来进行宣传。优质的直播图可以激发消费者的观看欲望，是直播间流量高低的重要影响因素。

本任务的主要工作内容：

1. 了解直播图的类型。
2. 完成直播图的设计与制作。

任务准备

一、直播图的类型

通过电商直播，消费者不仅可以看到主播的试穿效果和商品的材质、颜色等，还能够和很多人一起购物、聊天，消费体验更加丰富。因此，越来越多的卖家选择通过直播的方式来提升店铺的流量，带动消费者人数的增长，更全面地传递商品信息。直播并非随时开启就能拥有众多观众，直播前需要宣传推广，直播过程中需要促使观众分享转发以增加观看人数，即直播前需要发布直播海报图进行预热，直播中需要直播封面图来吸引流量，获取更多的关注。

（一）竖版直播海报图

竖版直播海报图的使用场景一般为：移动端网店首页及详情页、社交平台配图等。设计精美且有内容的直播预告海报体现着一场直播的精华，会从一定程度上影响该场直播的打开率，如图5-15所示。

▲图5-15 竖版直播海报图

（二）横版直播海报图

横版直播海报图的使用场景一般为：电脑端网店首页、平台的直播广场等。在网店首页中经常会将横版直播海报图滚动展示，它是消费者进入直播间的一大入口。另外，平台的直播广场也会不间断地出现卖家的横版直播海报图，消费者点击海报图即可进入直播间并参与互动，如图5-16所示。

▲图5-16　横版直播海报图

（三）直播封面图

当消费者进入平台的直播广场，封面图是吸引他们点击的重要影响因素。在设计封面图的时候，各平台会提示什么样的封面图更容易获得高点击率。例如，某电商直播平台要求封面图不掺杂文字（除平台要求的角标之外），不使用拼接图，不使用表情包等元素；直播的标题不能出现“测试”等字样，并且标题封面图与直播标签必须相符，如图5-17所示。

▲图5-17　直播封面图片

二、直播图的设计要点

（一）直播海报图的设计要点

1. 背景选择

当直播海报中出现模特图片时，一般来说，视觉焦点会落在人物身上，因而背景的设计要比较简约，起到烘托氛围和补充画面元素的作用即可。至于直播海报的背景设计，可以选择网格、渐变色彩、3D场景及纹理背景等，让人物置身于一个抽象的空间中，让画面更加完整。

2. 装饰元素选择

装饰元素是直播海报设计中不可缺少的元素。点、线、面是最基础的平面设计元素，在海报中添加这类简单又具有设计感的元素可以让画面显得更加饱满。对于直播海报图的设计，选择什么样的装饰元素要根据直播主题来决定，这样才可以起到衬托画面、烘托促销氛围的作用。

如图5-18所示，直播海报的装饰元素全部是细腻的国风插画，使用古镜屏风、祥云仙鹤、明月山脉等典型意象来表现吸收了潮流元素的古典中国风。

▲图5-18　国风元素直播海报图

▲图5-19　商品元素直播海报图

直播海报的装饰元素还可以使用商品图片，这样不仅可以丰富画面，还能通过选品吸引更多的消费者。图5-19所示的直播海报图，其装饰元素是水果沙拉、红柚等商品图。

3. 商品布局

在没有明星主播的直播间，能够吸引消费者的主要是优质的商品，直播海报图的设计应该适当呈现商品。直播海报图中的商品有两种设计形式：一是堆品，适合品类主题的直播；二是单个商品，适合有明星做客的直播。

堆品直播海报图设计时需要注意不同尺寸、形状的商品组合起来要保持视觉上的平衡、美观。单品直播海报图设计时，主推商品往往是由明星主播来介绍的，一般会在版面下方设置一个单独的卡片来陈列商品。

4. 人物布局

许多主播的直播间会固定邀请明星作为嘉宾为商品背书。单人嘉宾的直播海报图在设计时，人物一般占据版面的2/3。当直播间有两到三位嘉宾时，海报中人物的布局会比较简单，采用矩形、三角形的构图即可。

5. 文字设计

文字是直播海报图设计中非常重要的表现元素，文本的字体、大小、编排都会直接影响版面的视觉效果。对于直播海报图，文字一般排版在版面的上下两侧。主标题可以选择视觉表现力较强的字体，如粗体、立体字体、轮廓字体等，选择契合主题风格的字体可以更好地烘托画面氛围。副标题的文字信息比较多，包括直播时间、直播平台和商品信息等，对于这部分文字的组织要注意主次分明和编排形式的统一。

（二）直播封面图的设计要点

一场高人气的直播除了可以通过各种直播引流方式来提升人气，还有很多可以完善的细节能够帮助网店提升直播间的吸引力，如直播封面。直播封面就像是直播间的门面，门面是否有吸引力直接决定了消费者是否会推开“门”进入直播间。一般情况下，设置了封面的直播间，比使用默认头像的直播间观看人数要多。直播封面图的设计主要包含以下要点：

1. 干净高清

使用模糊失真的图片作为直播封面图会使消费者失去进入直播间的兴趣，只有干净整洁的直播封面图才会让消费者有停留下来的欲望。所以在制作直播封面图时一定要干净大方，给消费者留下好的印象。

2. 突出主播特点和标签

根据直播间特点，设置突出直播标签特征的直播封面。例如，如果是萌宠主播，那么直播封面图应尽量与萌宠有关；如果是动漫主播，直播封面图则需要突出动漫特点。如果是美食主播，但直播封面图却与动漫有关，会让消费者在进入直播间后产生被欺骗的感觉，从而离开直播间。所以，不要设置与直播内容毫不相关的封面图，影响消费者在直播间的停留时长。消费者在直播间的停留时间越长，转化率才可能越高，成交率才可能越高。

3. 直播封面图的更换不宜频繁

直播封面图更换频次不宜过高。因为有辨识度、与直播账号特征相符的直播封面图，会让忠实的消费者快速地识别并找到，从而进入直播间。如果直播间人气持续较低，可以选择更换封面来吸引人气，不断测试，最终找到适合的直播封面图。

任务实施

任务背景：

网店视觉设计完成之后，运营部计划在开业期间策划多场直播引流活动，通过直播带动店内商品的销量。此次直播活动主题为“新店首播，打破底价”，店内所有商品超低价销售。直播开始前需要提前进行活动预热，对此，于杨决定制作一张直播封面图、一张直播海报图（相关资料见Abook资源）。

任务要求：

1. 根据网店直播需求，结合直播封面图的设计要点，完成直播封面图的设计与制作。
2. 根据网店直播需求，结合直播海报图的设计要点，完成直播海报图的设计与制作。

任务分析：

直播封面图是直播的门面，是直播间流量高低的关键影响因素。靓丽或有趣的封面图可以提升消费者观看的欲望，进而提高直播间人气和转化率。直播封面图不需要过多的设计，只要选择能代表商品特点的清晰的图片，并按照要求进行调整或基本处理即可，展示的内容须和直播间商品保持一致，否则容易导致直播间跳失率高；网络直播越来越普及，竞争也日趋激烈，而一张吸引眼球的直播海报图可以很大程度上为直播吸引更多的消费者。直播海报图主要包括背景、展示主体、装饰元素、文案信息等内容。海报表达内容要精练，抓住主要诉求点，内容不需要过多。

任务操作：

任务操作1：根据网店直播需求，结合直播封面图的设计要点，规划直播封面图的展示内容并完成制作，填写表5-5。

表5-5　直播封面图展示内容规划

项目		具体要求
制作规范	图片尺寸	
	图片格式	
展示内容	展示主体	
	设计风格及调性	
	色彩搭配	
	其他展示元素	

任务操作2：根据网店直播需求，结合直播海报图的设计要点，规划直播海报图的展示内容并完成制作，填写表5-6。

表5-6　直播海报图展示内容规划

项目		具体要求
制作规范	图片尺寸	
	图片格式	
展示内容	展示主体	
	设计风格及调性	
	目标群体	
	色彩搭配	
	字体应用	

续表

项目		具体要求
展示内容	文案设计	
	构图方式	

任务评价

评价项目	评价标准	评价结果			
		优	良	中	差
直播图设计与制作	直播图尺寸、格式等符合要求				
	直播图的字体、颜色等视觉效果统一，有设计感				
	直播图主题明确，内容全面，具有明确的可阅读性				

任务拓展

在设计化妆品直播图时，商品清晰且富有质感的图片往往比纯色和单色系设计的关注度更高。请结合化妆品行业某企业的网店直播需求，设计并制作直播海报图及直播封面图（具体资料见Abook资源）。

同步测评

1+X网店运营推广职业技能等级证书（初级）的网店装修工作领域主要包括首页设计与制作、详情页设计与制作、自定义页设计与制作三项工作任务。其中，自定义页设计与制作与本项目内容高度契合。以下为1+X网店运营推广职业技能等级证书（初级）中关于自定义页设计与制作的相关标准：

1. 能根据网店营销需求，结合目标消费者特征，确定自定义页主题及呈现方式，完成自定义页视觉营销设计，提升消费者黏性，提高店铺转化率。

2. 能根据网店营销需求，结合目标消费者浏览习惯，对自定义页面进行布局设计，增加页面访问深度，提高店铺转化率。

3. 能根据网店营销需求，结合品牌宣传理念、企业文化，设计并制作品牌宣传页面，加强目标消费者信任感，提升品牌溢价。

4. 能根据网店营销需求，结合不同的营销活动类型，设计并制作营销活动页面，增加活动参与力度，提高转化率。

一、单项选择题

1. 店铺搜索引擎付费推广图侧重于（　　），通过集中引入流量到店内，再进行分流的方式，实现流量价值的最大化。

A. 品牌传递　　B. 活动推广

C. 商品塑造　　D. 营销预热

2. 优惠券图的设计要点不包含（　　）。

A. 顺序安排要合理　　B. 主要信息要强化

C. 整体设计呈个性化　　D. 布局要出人意料

3. 直播海报图的设计要点不包含（　　）方面。

A. 直播海报图发布　　B. 背景选择

C. 装饰元素选择　　D. 文字设计

4. 以下不属于会员营销图设计要点的是（　　）。

A. 精准化层级区分，提升文案可读性

B. 具象化视觉元素，营造会员尊享感

C. 抽象化视觉传达，提升图文高级感

D. 营造娱乐性氛围，增加会员参与感

5. 直播海报图背景设计一般不会采用（　　）。

A. 网格　　B. 铺满商品方式

C. 3D场景　　D. 纹理背景

二、多项选择题

1. 以下关于搜索引擎付费推广图设计定位描述正确的有（　　）。

A. 根据搜索引擎付费推广的投放计划来确定商品推广所要投放的位置

B. 确定商品推广针对的消费人群，通过分析目标消费人群的喜好、消费能力和生活习惯等因素来确定设计的风格、颜色以及促销活动的方式等

C. 商品的外观造型要好，尽量展现商品的主要优势，达到吸引消费者的目的

D. 要处理好资源位选择与出价，保证流量基数

2. 推荐引擎推广图设计要点包括（　　）。

A. 突出主体　　B. 突出文案

C. 目标明确　　D. 定位明确

3. 以下关于活动图设计说法错误的有（　　）。

A. 在设计多张优惠券顺序时，通常会按照门槛高低进行排列

B. 主要信息强化可以采取将优惠金额进行放大处理的方式

C. 优惠券设计应配合网店的特色

D. 会员营销文案需要围绕网店核心价值进行拆解和提炼

4. 直播封面图的设计要点包括（　　）。

A. 干净高清　　B. 突出主播特点和标签

C. 进行适当暗示　　D. 直播封面图的更换不宜频繁

5. 直播海报图设计需要从（　　）等角度进行考虑。

A. 背景选择　　B. 装饰元素选择

C. 商品布局　　D. 人物布局

三、判断题

1. 单品搜索引擎付费推广图侧重于单个商品的信息传递或销售诉求，以销售转化为最终目的。（　　）

2. 堆品直播海报图设计时需要注意不同尺寸、形状的商品组合起来要保持视觉上的平衡、美观。（　　）

3. 在设计会员营销图时，需要突出信息的层级对比，将有效信息前置，可以用颜色和模块区分信息强弱。（　　）

4. 搜索引擎付费推广图的文字设计需要整齐统一，统一是指文字的字体、颜色、

样式、行距等统一。（ ）

5. 在设计搜索引擎付费推广图时，大多数情况下会按照先左后右、先上后下、先文字后图片的顺序进行设计。（ ）

四、技能操作题

任务背景：

为了增加网店的曝光度，吸引更多的消费者，运营部准备策划一场促销活动。开业期间，关注店铺并成为店铺会员，可享受四重会员福利：积分兑好礼、会员日专属礼遇、转盘抽“锦鲤”大礼、邀请好友得豪礼。加入店铺会员，额外享受丰富权益，可领取无门槛优惠券，全店商品通用，数量有限，先到先得。对此，韩琦需要根据活动要求，完成会员营销图及优惠券图的设计与制作（相关资料见Abook资源）。

任务要求：

1. 根据网店营销活动要求，结合会员营销图的设计要点，完成会员营销图的设计与制作。

2. 根据网店营销活动要求，结合优惠券图的设计要点，完成优惠券图的设计与制作。

附录

直通赛场

本附录涵盖全国职业院校技能大赛中职组电子商务运营赛项——网店开设装修模块的竞赛内容，并在此基础上进行了拓展和延伸。

直通赛场一
网店首页设计与制作

赛项背景：

佳越数码网店运营人员在平台开学季活动来临之前，准备对网店首页重新进行布局和装修，提前营造活动氛围。网店美工打算利用现有商品图片和相关资料设计与制作网店店招，并以运动耳机、有线耳机盒、分线器、蓝牙键盘四款商品为基础，分别设计一张轮播海报（具体资料见Abook资源）。

赛项要求：

1. 根据网店定位和首页设计需求，利用首页布局管理功能，完成网店首页布局。

2. 根据网店首页布局，利用提供的素材设计与制作网店店招。

3. 根据网店首页布局和营销需求，利用提供的素材，为四款商品分别设计与制作一张轮播海报。

4. 网店首页设计规范：店招图片尺寸为950像素×120像素，轮播海报尺寸为950像素×250像素。支持JPG、PNG图片格式，每张图大小不得超过3MB。要求一组内的图片宽度、高度必须完全一致。

赛项分析：

在比赛过程中或企业实际的网店装修过程中，网店首页设计与制作需要完成的主要内容有网店首页布局、店招设计与制作、轮播海报设计与制作。

网店首页的框架一般分为页头、内页、页尾三部分，在具体模块选择时，需要考虑不同模块的功能和作用。例如，店招能够给消费者留下深刻的印象，提高店铺的吸引力和转化率；轮播海报能够吸引消费者的注意力，突出网店的特色与商品卖点。除此之外，还需要根据网店风格及定位、目标消费者需求、平台规范等进行首页布局，注重消费者体验和转化率，保证整体风格的一致性和协调性。

店招主要展示店铺名称和店铺标志，还可以添加品牌宣传语、促销商品、优惠信息、活动信息等常见内容。在进行店招设计时，应清晰地展示网店的主题和相关信息，使消费者快速地了解网店，通过添加网店的品牌标识，不断强化品牌形象。

轮播海报通常位于内页部分的顶部，主要目的是引导消费者购买或进一步了解网店。在进行轮播海报设计时，应清晰地展示相关信息，包括商品图片、商品名称、商品价格和商品卖点等，还应包含品牌信息，以增强品牌认知度。同时，应该具有引导性，如加入引导标签方便消费者点击进入相应页面等。另外，图片输出格式、大小要符合规范。

赛项操作：

赛项操作1：对三家网店的首页布局进行分析，从上至下分析其所采用的模块，填写附表1。

附表1　网店首页模块分析

序号	模块名称		
	网店1：	**网店2：**	**网店3：**

赛项操作2：综合分析结果，结合自身网店的运营策略，从上至下选择网店首页模块并完成布局规划，填写附表2。

附表2　网店首页模块布局

序号	模块类别/名称

赛项操作3：分别从展现形式、展现内容、色彩搭配角度对三家网店的店招设计进行分析，填写附表3。

附表3　三家网店店招设计分析

店招分析项目	网店名称		
	网店1：	**网店2：**	**网店3：**
展现形式			

续表

店招分析项目	网店名称		
	网店1:	网店2:	网店3:
展现内容			
色彩搭配			

赛项操作4：综合分析结果，结合店铺的经营理念、品牌及商品定位明确店招的设计思路，完成店招的设计与制作，填写附表4。

附表4　店招设计思路分析

设计内容	设计思路
展现形式	
展现内容	
色彩搭配	
布局结构	
尺寸规格	
格式要求	

赛项操作5：从尺寸、数量、格式等角度明确轮播海报的设计要求，填写附表5。

附表5　轮播海报设计要求

项目	具体要求
商品选择	
尺寸要求	
数量要求	
格式要求	

赛项操作6：根据营销主题，结合设计要求，规划轮播海报的展示内容，完成轮播海报的制作，填写附表6。

附表6 轮播海报展示内容

项目	具体内容
色彩搭配	
字体应用	
文案设计	
构图方式	

直通赛场二 商品主图视频设计与制作

赛项背景：

佳越数码网店欲上架一款手持稳定器，为了完整呈现商品的卖点与特色，增强消费者的视听刺激，进而提升商品转化率，准备为这款商品制作主图视频（具体资料见Abook资源）。

赛项要求：

1. 根据商品特点和消费者购物心理，利用提供的素材，策划商品主图视频内容。

2. 根据策划的商品主图视频内容，利用视频剪辑模板，完成商品主图视频的设计与制作。

3. 商品主图视频设计规范：视频尺寸比例为1∶1或16∶9，MP4格式，视频时长小于60秒。

赛项分析：

商品主图视频可以在商品详情页的第一屏展示出商品的关键卖点，以动态、真实、富有创意的方式刺激消费者的购买欲并促使其快速下单。在进行商品主图视频设计与制作时，首先要根据行业及商品特点进行选择，确定视频展示内容。例如，数码类商品可能涉及多个功能和场景，可以将商品外观、功能特点、操作演示等作为视频内容。在展示商品细节和特点时，可通过特写镜头、局部放大等方式进行展示。不同的平台对于视频格式和大小要求不同，需要遵循平台规范进行制作和上传。

赛项操作：

赛项操作1：从内容类型、内容描述、视频时长方面对三款商品的主图视频内容进行分析，填写附表7。

附表7 三款商品的主图视频内容分析

项目	商品名称		
	商品1：	**商品2：**	**商品3：**
视频类型			
内容描述			
视频时长			

赛项操作2：综合分析结果，从制作规范、展示内容方面明确商品主图视频的要求，并完成制作，填写附表8。

附表8　商品主图视频要求

项目		具体要求
制作规范	视频尺寸	
	视频时长	
	视频大小	
	视频格式	
	视频清晰度	
	其他要求	
展示内容	内容类型	
	内容描述	
	制作要点	

直通赛场三 商品详情页设计与制作

赛项背景：

网店收到工厂提供的商品图片和资料后，开始根据商品详情页发布要求，整理商品资料，提炼商品卖点，设计与制作商品详情页所需要的主图和商品描述，并完成此款手持稳定器的发布（具体资料见Abook资源）。

赛项要求：

1. 利用提供的素材，设计与制作5张商品主图。

2. 利用提供的素材和模板，设计与制作商品描述。

3. 根据平台商品发布规则和流程，利用提供的素材、设计的主图与商品描述，完成商品详情页设置并发布。

4. 商品主图设计规范：5张商品主图的尺寸为800像素×800像素，每张图大小不超过3MB。

5. 详情描述设计规范：宽度为750像素，总高度不超过35 000像素，可通过添加图片、文字、源码、模块组合等方式设计与制作商品描述。

赛项分析：

在比赛过程中或企业实际的网店装修过程中，商品详情页设计与制作需要完成的主要内容有商品主图设计与制作、商品描述设计与制作。

商品主图是吸引消费者的重要因素，能提高商品的点击率与关注度。在进行商品主图设计时，需要确定目标消费者的视觉偏好，从而选择合适的色彩和字体，并注意颜色的搭配和文字的应用，确保整体风格保持一致。在文案设计时，应突出重点信息，体现商品或服务的关键要点。在图片选择时，应选用清晰度高、信息全面、立体感强、真实性强的图片，以吸引消费者的注意力，激发其购买欲望。

商品描述的主要目的是向消费者传递准确的商品信息，突出商品的特点、优势和使用体验等，提高购买转化率和消费者满意度。在进行商品描述设计时，可以展示商品的外观、材质、使用方法等。同时可以展示商品的细节和特点，包括商品的设计、工艺等。除此之外，还可以展示网店的售后与服务等信息，提升消费者的信任感，促进消费者购买商品。

赛项操作：

赛项操作1：从尺寸、数量、格式等角度明确商品主图的设计要求，填写附表9。

附表9　商品主图设计要求

项目	具体要求
商品选择	
尺寸要求	
数量要求	
格式要求	

赛项操作2：根据网店商品及目标消费人群定位，结合商品主图设计要点，规划其展示内容并完成制作，填写附表10。

附表10　商品主图展示内容

项目	具体内容
背景选择	
字体应用	
文案设计	
设计形式	

赛项操作3：对三款商品的商品描述进行分析，从上至下分析其所采用的构成要素，填写附表11。

附表11　三款商品的商品描述构成要素分析

构成要素	具体构成要素分析		
	商品1:	商品2:	商品3:

续表

构成要素	具体构成要素分析		
	商品1：	商品2：	商品3：

赛项操作4：综合分析结果，从上至下确定商品描述的构成要素，分析对应的设计要点并完成制作，填写附表12。

附表12　商品描述构成要素分析

序号	构成要素	设计要点

图书在版编目(C I P)数据

视觉设计与制作 / 葛云龙，郭高星主编 . -- 北京 :
高等教育出版社，2024.5
电子商务专业
ISBN 978-7-04-061569-2

I. ①视… II. ①葛… ②郭… III. ①网店-设计-
高等职业教育-教材 IV. ① F713.361.2

中国国家版本馆 CIP 数据核字 (2024) 第 012356 号

视觉设计与制作
SHIJUE SHEJI YU ZHIZUO

策划编辑　聂志磊
责任编辑　聂志磊
封面设计　姜　磊
责任绘图　李沛蓉
版式设计　姜　磊
责任校对　陈　杨
责任印制　刁　毅
出版发行　高等教育出版社
社　　址　北京市西城区德外大街4号
邮政编码　100120
印　　刷　北京市鑫霸印务有限公司

开　　本　889mm×1194mm　1/16
印　　张　11
字　　数　230千字

购书热线　010-58581118
咨询电话　400-810-0598
网　　址　http://www.hep.edu.cn
　　　　　http://www.hep.com.cn
网上订购　http://www.hepmall.com.cn
　　　　　http://www.hepmall.com
　　　　　http://www.hepmall.cn
版　　次　2024年5月第1版
印　　次　2024年5月第1次印刷
定　　价　40.00元

物 料 号　61569-00

读者意见反馈
为收集对教材的意见建议，进一步完善教材编写并做好服务工作，读者可将对本教材的意见建议通过如下渠道反馈至我社。
咨询电话　400-810-0598
反馈邮箱　zz_dzyj@pub.hep.cn
通信地址　北京市朝阳区惠新东街4号富盛大厦1座
　　　　　高等教育出版社总编辑办公室
邮政编码　100029

防伪查询说明
用户购书后刮开封底防伪涂层，使用手机微信等软件扫描二维码，会跳转至防伪查询网页，获得所购图书详细信息。
防伪客服电话　（010）58582300

学习卡账号使用说明
一、注册/登录
访问https://abooks.hep.com.cn，点击“注册/登录”，在注册页面可以通过邮箱注册或者短信验证码两种方式进行注册。已注册的用户可以直接输入用户名加密码或者手机号加验证码登录。
二、课程绑定
登录之后，点击页面右上角的个人头像展开子菜单，进入“个人中心”，点击“绑定防伪码”按钮，输入图书封底防伪码（20位密码，刮开涂层可见），完成课程绑定。
三、访问课程
在“个人中心”→“我的图书”中选择本书，开始学习。
如有账号问题，请发邮件至：4a_admin_zz@pub.hep.cn。